# 150 activités nature aux 4 saisons

*Remerciements*

*C'est parce que j'ai traîné mes culottes courtes pendant de longues années au sein des clubs CPN (Connaître et Protéger la Nature) que l'esprit de ce livre a pu naître un jour. Que Pierre Déom, créateur du journal La Hulotte et initiateur de ces clubs CPN, en soit donc remercié, ainsi que David Melbeck, animateur de ce réseau national, infatigable sondeur de nature, modeste et néanmoins magique.*

*Merci également à Bernard Bertrand (et ses éditions de Terran), qui, du fond de ses montagnes pyrénéennes, partage régulièrement avec moi ses observations et ses réflexions sur les plantes et leurs secrets très humains…*

*F. L.*

FRÉDÉRIC LISAK

# 150 activités nature aux 4 saisons

[redacted]

MILAN
jeunesse

# LA NATURE EST PARTOUT !

On s'émerveille souvent devant la nature lointaine mais heureusement elle existe aussi autour de nous, toute proche : une chauve-souris s'abritant dans ton grenier, une hirondelle voletant devant ton balcon, une drôle de courge poussant dans ton jardin, un coquelicot fleurissant le long du trottoir de ta rue... Il suffit juste de savoir la regarder.

## AIDER LA NATURE

Tu peux, à ton échelle, aider la nature : en offrant des abris aux oiseaux ou aux insectes, en cultivant des fruits et légumes variés et étranges, en créant des micromilieux naturels pour favoriser les plantes sauvages...

## LE PARFAIT NATURALISTE URBAIN

DANS TES EXPLORATIONS, N'OUBLIE PAS D'EMPORTER :

- DE BONNES CHAUSSURES DE MARCHE (EH OUI, PARTICULIÈREMENT EN VILLE, AVEC SON SOL DUR ET GOUDRONNÉ, LA RANDONNÉE EST SPORTIVE...) ;
- UNE GOURDE D'EAU POUR LA SOIF ET UN PETIT QUELQUE CHOSE À GRIGNOTER POUR LA FAIM (VIVE LES FRUITS SECS !) ;
- UN CRAYON ET UN CARNET DE POCHE, PARFAITS POUR ÉCRIRE OU DESSINER CE QUE TU VAS DÉCOUVRIR ; À CHAQUE OBSERVATION, N'OUBLIE PAS DE NOTER LA DATE ET LE LIEU ; AU FIL DE TES BALADES-DÉCOUVERTES, CE CARNET DEVIENDRA TA « MÉMOIRE » NATURALISTE ;
- UNE MUSETTE OU UN PETIT SAC À DOS, AVEC DEDANS QUELQUES BOÎTES ET POCHES PLASTIQUES POUR POUVOIR RAPPORTER QUELQUES DÉCOUVERTES (IMAGINE, PAR EXEMPLE, QUE TU RENDES VISITE À UN VOISIN JARDINIER ET QU'IL T'OFFRE QUELQUES GRAINES D'UNE DÉLICIEUSE VARIÉTÉ DE TOMATES...).

*Il y a de multiples façons d'agir pour l'épanouissement de la nature.*

## RESPECT, PARTOUT, TOUJOURS

CE N'EST PAS PARCE QU'ON EST EN VILLE QU'IL FAUT FAIRE MOINS ATTENTION À LA NATURE… AU CONTRAIRE MÊME : PARCE QU'ELLE A PLUS DE MAL À TROUVER SA PLACE QUE DANS UNE PRAIRIE OU AU FOND D'UNE VASTE FORÊT, LA NATURE URBAINE MÉRITE LE PLUS GRAND RESPECT. ET PUIS L'IDÉAL EST QUE TOUT LE MONDE EN PROFITE… ALORS…

- RESPECT POUR LES PLANTES ET LES FLEURS SAUVAGES QUI POUSSENT À GRAND-PEINE SUR LES TERRAINS VAGUES OU LE LONG DES CHEMINS.
- RESPECT POUR LA FAUNE SAUVAGE QUI HABITE TON JARDIN (SAUF LES LIMACES ET LES PUCERONS…) ; NE DÉRANGE JAMAIS UNE COUVÉE D'OISEAUX NICHEURS.
- RESPECT POUR LES PARCS ET LES JARDINS PUBLICS, AUSSI BIEN POUR LES ARBRES VÉNÉRABLES QUE POUR LES PARTERRES COLORÉS.
- RESPECT POUR LES PLANTATIONS DES AUTRES, DE TES PARENTS, DE TES VOISINS JARDINIERS… CE QUI N'EXCLUT PAS DE LEUR SOUFFLER TES IDÉES POUR MIEUX PRÉSERVER LA NATURE CHEZ EUX !

## TRÉSORS CACHÉS

ZUT ! DES ORTIES POUSSENT DANS LE JARDIN… CHOUETTE ! UN UNIVERS ENTIER S'OUVRE À TOI. CAR CETTE SIMPLE ORTIE, LOIN D'ÊTRE UNE « MAUVAISE HERBE », EST UN VÉRITABLE TRÉSOR : ON PEUT LA MANGER, S'EN SERVIR COMME ENGRAIS OU COMME DÉSHERBANT, EN FAIRE DU TISSU OU DU PAPIER… ET EN PLUS, ELLE ATTIRE PRÈS DE 30 ESPÈCES DE PAPILLONS. VOILÀ POUR UNE SEULE PLANTE… ALORS IMAGINE TOUTES LES RICHESSES OFFERTES PAR L'ENSEMBLE DES ÉLÉMENTS NATURELS QUI T'ENTOURENT !

## ALLER À SA RENCONTRE

Rien de mieux, pour découvrir et comprendre la nature, que d'aller à sa rencontre et nul besoin d'être un grand savant : cela peut se faire en jouant dans ta maison, en bricolant sur ta terrasse, en jardinant dans ton potager, en réalisant des enquêtes et des expériences dans ta ville. La nature va devenir un vrai terrain d'aventures.

## LE PRINTEMPS

12

## L'ÉTÉ

68

## L'AUTOMNE

## L'HIVER

# MODE D'EMPLOI

Ce livre se déroule sur une année, avec 4 grands chapitres correspondant aux 4 saisons, en commençant par le printemps. Mais tu peux bien sûr l'ouvrir où bon te semble... Il va guider ton regard vers les plantes et les animaux à observer tout autour de toi. Il va aussi te donner mille et une idées d'activités pour prendre le plus de rendez-vous possible avec la nature.

*Chaque double page appartient à une rubrique facilement repérable.*

## TRAVAUX DE SAISON

Des idées d'**activités** de **jardinage** pour chaque mois de l'année.



## IDENTIFICATION

Des catalogues de **plantes** ou d'**animaux**, pour apprendre à les reconnaître.



## ENQUÊTE NATURE

Des observations à mener pour **découvrir** et **comprendre** les phénomènes naturels.

## JARDINS SPÉCIAUX

Des idées de jardins particuliers pour enrichir le potager ou s'amuser.



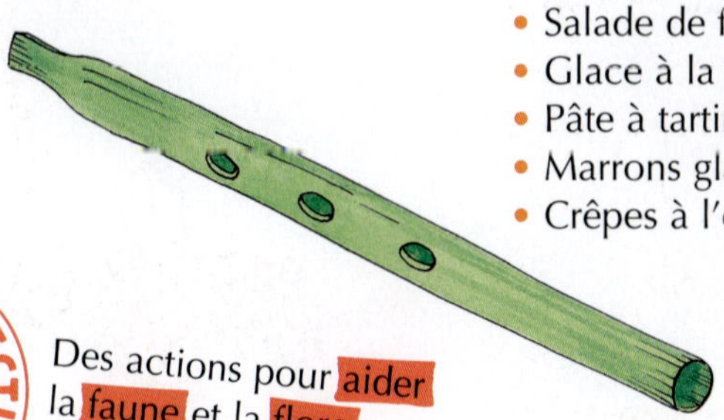

## CUISINE SAUVAGE

Des recettes délicieuses pour élaborer de bons petits plats avec des plantes sauvages.



## ARTISTE EN HERBE

Des activités artistiques pour devenir un véritable créateur à partir d'éléments naturels.

## PROTECTION

Des actions pour aider la faune et la flore près de chez toi.

## BRICOLAGE

Des activités pour décorer ton jardin et ta maison ou pour observer la faune et la flore.



## ANIMAUX DOMESTIQUES

Des bons trucs pour accueillir « naturellement » tes animaux préférés.



## PLANTES UTILES

Des astuces pour tirer le meilleur profit des plantes qui t'entourent.

# LE PRINTEMPS

*Dès les premiers beaux jours, irrésistiblement, la nature pointe le bout de son nez partout : les plantes se réveillent, les animaux s'agitent... C'est le moment pour toi de faire germer mille et un projets de printemps.*

Lierre

TRAVAUX DE SAISON

## MINIJARDIN TROPICAL SOUS VERRE

*Des plantes complètement enfermées et qui poussent à merveille, c'est possible ! Il suffit de récréer dans un bocal les conditions de vie d'une forêt tropicale…*

1

Dans un grand bocal en verre transparent ou un aquarium sphérique, étale une couche de billes d'argile (5 cm environ) avec quelques morceaux de charbon de bois (pour éviter les moisissures). Place ensuite du terreau jusqu'à environ 1/3 de la hauteur de ton bocal.

2

Choisis quelques petites plantes : fougères fines et dentelées, lierre panaché, misère, bégonia, ficus pumila… Pour les mettre en place, creuse un trou dans le terreau à l'aide d'une longue cuillère et dépose-les en tassant ensuite la terre. Humidifie bien le terreau. Place ta jungle-jardin à la lumière, mais pas directement en plein soleil.

Si tu mets un bouchon, tes plantes seront en étuve : comme elles transpirent, tu verras de la buée apparaître de temps en temps sur les parois. Enlève alors le bouchon, jusqu'à ce que cette buée disparaisse.

# JARDIN D'AVRIL

Quelle heure est-il ?
« Le temps des premières fleurs »,
répond le jardinier étourdi.
Ou encore : « L'époque des fraises »,
« Le jour de l'arrivée des hirondelles »,
« L'heure des semis de potirons »…
Quand on jardine, l'heure, la vraie,
n'a pas beaucoup d'importance.
Car la nature est là pour nous offrir
sa « montre » à elle, celle des rendez-vous
réguliers au fil des saisons…

## À FAIRE AUSSI EN AVRIL…

FLEURS D'ACACIA

- Début avril, surveiller les limaces et les mauvaises herbes…
- Nettoyer les pots.
- Préparer du purin d'ortie comme engrais.
- Mi-avril, sortir les plantes les moins fragiles.
- Fin avril, faire des beignets de fleurs d'acacia et semer les premières courges.

## UN JARDIN ÉGYPTIEN

*Un de tes amis possède un papyrus ? Quelle chance tu as ! Car tu vas pouvoir, en quelques semaines à peine, avoir toi aussi une belle plante et rêver aux rives du Nil égyptien…*

Papyrus

1 Sur la plante de ton ami, choisis une belle « tête » feuillue de papyrus, et sectionne-la en laissant quelques centimètres de tige.

2 Enlève les 2/3 de la longueur des feuilles fines en étoile (les bractées) en les coupant.

3 Place ta bouture de papyrus dans un verre d'eau… la tête en bas ! Installe ce verre à la lumière et patiente. En quelques jours, des petites racines blanches vont pousser vers le bas, pendant qu'une ou deux tiges vertes vont se diriger vers le haut.

4 Quand les racines auront 3 ou 4 cm, sors ta bouture de son verre et plante-la dans un pot rempli de terreau. Veille à ce que ce terreau soit toujours bien humide, car le papyrus aime vivre les pieds dans l'eau.

## MÉLANGE TOUT PRÊT

*Spécialité du midi de la France, le mesclun est un délicieux mélange de salades, réunissant des saveurs douces, piquantes, sucrées… Tu peux le semer dès maintenant et jusqu'en septembre.*

Chicorée rouge

Pour cela, reprends tes vieux sachets de graines de salades à moitié vides et verse-les dans un bol. Ajoutes-y un peu de graines de roquette, de cresson alénois, quelques radis et, s'il n'y en a pas déjà, un peu de chicorée rouge, pour la touche de couleur dans l'assiette. Mélange bien le tout.

Sème à la volée, au jardin ou dans une grande jardinière. Un petit coup de râteau par-dessus, tasse légèrement le sol, arrose, c'est fini !

Tant qu'il fait froid, couvre d'un voile de forçage ou d'un tunnel. Et surtout, n'éclaircis pas tes plants. Dans moins de 2 mois, tu pourras récolter ton premier mesclun maison, soit, à ce moment-là, en éclaircissant, soit en récoltant feuille à feuille.

# LES CHANTEURS DES PRAIRIES

IDENTIFICATION

Ils vrombissent, vibrent, crissent, mais aussi bondissent et sautent dans tous les sens à ton passage dans les hautes herbes. « Ils », ce sont les criquets, sauterelles et autres grillons, petit peuple des herbes hautes du jardin et des champs...

### LES ORTHOPTÈRES

TOUS CES INSECTES FONT PARTIE DE LA FAMILLE DES ORTHOPTÈRES : ILS ONT EN COMMUN DE GRANDES PATTES ARRIÈRE QUI LEUR PERMETTENT DE SE DÉPLACER PAR BOND, MAIS AUSSI UNE DIVERSITÉ DE « CHANTS » PEU COMMUNE (ON DIT QU'ILS « STRIDULENT »).

## LA GRANDE SAUTERELLE VERTE

Voici la géante des prairies, aussi bien par la taille que par le chant qui peut être entendu à 100 m de distance ! Ses grandes antennes, repliées vers l'arrière, dépassent l'arrière du corps.

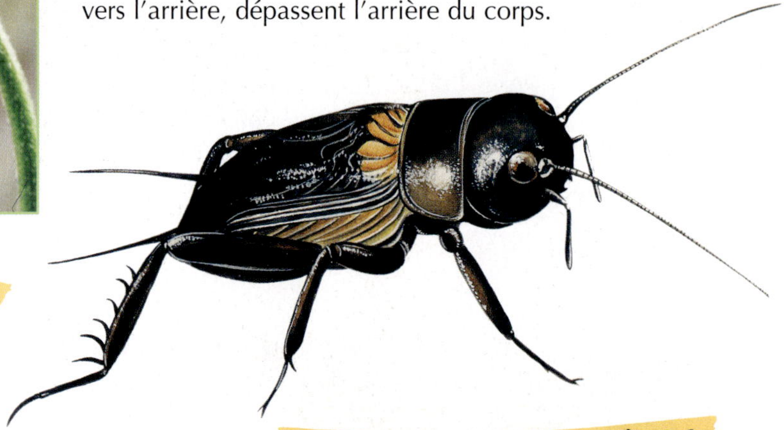

## LE GRILLON CHAMPÊTRE

« Tririririr... » Dans les prairies, au début de l'été, il fait entendre son petit chant doux et monotone. On l'entend, certes, mais où se cache-t-il donc ? Au fond d'une galerie, tout simplement, petit trou de 2 cm de diamètre.

### « TUTER » LE GRILLON

AUTREFOIS, POUR FAIRE SORTIR L'ANIMAL DE SA GALERIE, LES ENFANTS S'AMUSAIENT À LE « TUTER », C'EST-À-DIRE À INTRODUIRE DANS SA GALERIE UNE HERBE LONGUE ET FINE. CELLE-CI LE CHATOUILLE, L'AGACE, AU POINT DE LE FAIRE SORTIR À LA LUMIÈRE. MÉTHODE GARANTIE EFFICACE : IL EXISTE MÊME DES CONCOURS DE « TUTEURS » DE GRILLONS DANS LE SUD-OUEST DE LA FRANCE...

## Comment chantent-ils ?

Sauterelles et grillons replient leurs ailes et les frottent l'une contre l'autre pour les faire vibrer, un peu comme un archet sur les cordes d'un violon. Le criquet, lui, frotte ses pattes contre ses ailes par un mouvement de va-et-vient, comme quand tu passes ton pouce sur un peigne.

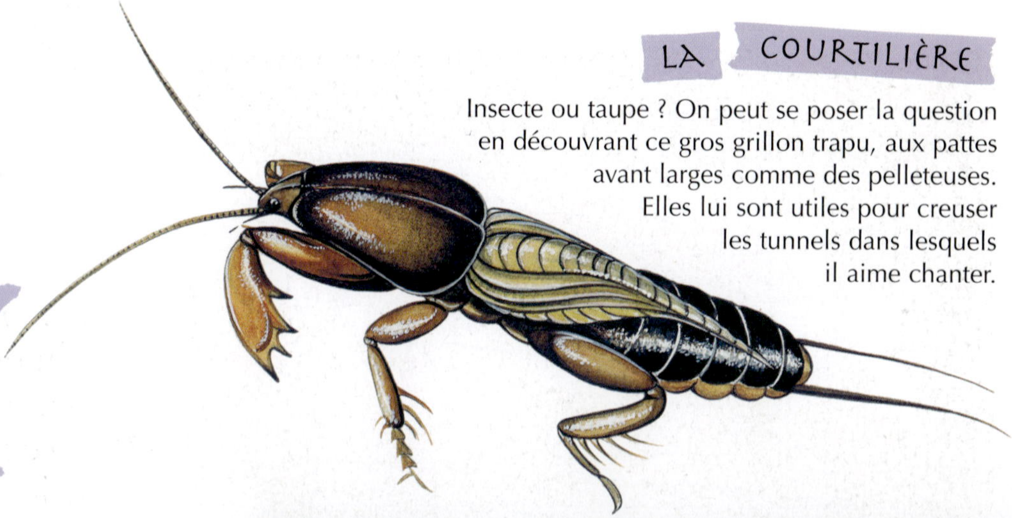

## La courtilière

Insecte ou taupe ? On peut se poser la question en découvrant ce gros grillon trapu, aux pattes avant larges comme des pelleteuses. Elles lui sont utiles pour creuser les tunnels dans lesquels il aime chanter.

## Le criquet

Contrairement aux sauterelles et aux grillons, il a des antennes très courtes, pointées vers l'avant. Observe-le bien quand il s'envole devant toi : la couleur vive de ses ailes se dévoile, rouge, bleue ou jaune suivant les espèces.

## L'éphippigère

Cette petite sauterelle (dont les antennes sont pointées vers l'avant, à l'inverse de celles de la grande sauterelle verte) aime à lancer ses stridulations perchée sur un buisson : « Tsiztsiz... » Écoute bien, tu comprendras pourquoi on l'appelle aussi « Jeudi »...

# LE CARRÉ DE LA DIVERSITÉ

ENQUÊTE NATURE

Combien y a-t-il de plantes différentes dans ton jardin ? Certains recoins de la pelouse sont-ils plus riches que d'autres ? Et le champ d'en face, il semble si diversifié en plantes... Mène l'enquête pour découvrir la biodiversité de ces endroits.

1

Commence par construire un cadre de bois en assemblant 4 tasseaux avec des vis.

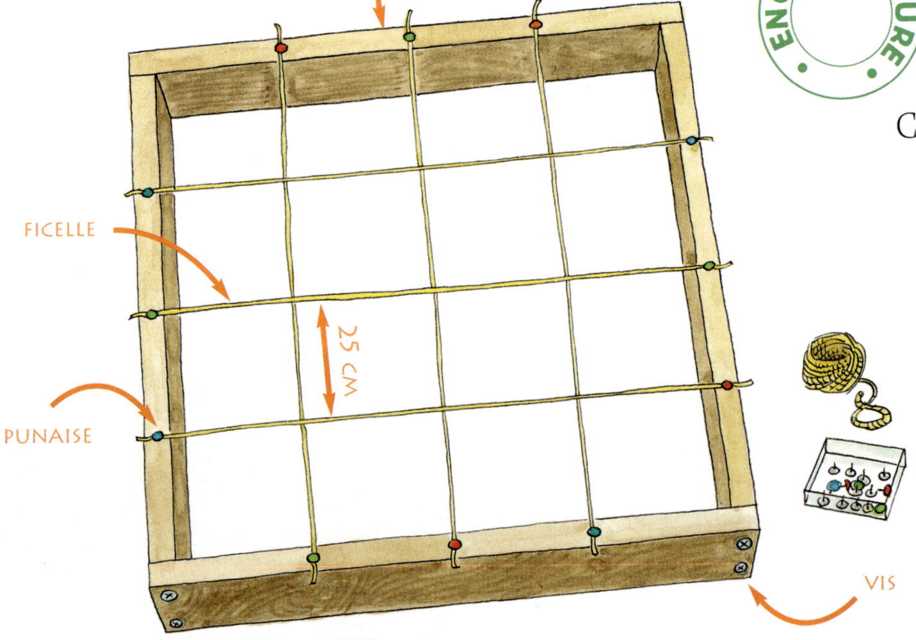


2

Sur un des montants, punaise tous les 25 cm l'extrémité d'une ficelle, puis tends-la et punaise-la sur le montant d'en face. Fais de même sur les autres montants. Tu dois obtenir au final un quadrillage de ficelle à 16 cases.

3

En parallèle, tu as aussi préparé un carré de 16 cases sur le papier quadrillé, d'environ 20 x 20 cm.

*Ton « carré de la diversité » est prêt à être utilisé.*

4

De retour dans ton jardin, pose ton carré au hasard sur le coin de pelouse que tu veux étudier.

5

Compte alors les plantes dans chacune des 16 cases et note soigneusement leur emplacement sur ta feuille quadrillée. Qu'importe si tu ne connais pas leur nom, tu peux attribuer une couleur à chaque type de plante et te contenter d'un rond pour les mentionner sur le papier.

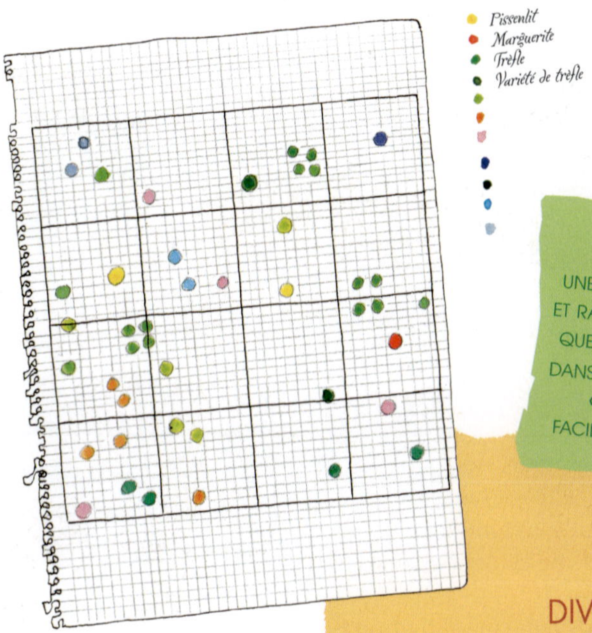

## SURPRISE

UNE « BELLE » PELOUSE BIEN VERTE ET RASE N'ACCUEILLE BIEN SOUVENT QUE 2 OU 3 PLANTES DIFFÉRENTES DANS 1 M², ALORS QU'UNE PRAIRIE « SAUVAGE » EN HÉBERGE FACILEMENT PLUSIEURS DIZAINES…

## DIVERSITÉ DES PLANTES

IL EXISTE DE PAR LE VASTE MONDE AU MOINS 25 000 ESPÈCES D'ALGUES, 150 000 ESPÈCES DE CHAMPIGNONS, 20 000 DE LICHENS, 25 000 DE MOUSSES, 11 000 DE FOUGÈRES, ET SANS DOUTE PLUS DE 250 000 ESPÈCES DE PLANTES À FLEURS…

CES PLANTES NE POUSSENT PAS TOUTES AU MÊME ENDROIT, LOIN DE LÀ. CERTAINS MILIEUX OFFRENT DES CONDITIONS DE VIE PLUS FAVORABLES QUE D'AUTRES. RÉSULTAT : SUR UNE MÊME SURFACE DE 100 KM DE CÔTÉ, ON TROUVE DE 3 000 À 4 000 ESPÈCES DE PLANTES DIFFÉRENTES DANS LES FORÊTS TROPICALES, 2 000 ESPÈCES POUR LA FLORE MÉDITERRANÉENNE, SEULEMENT 150 ESPÈCES POUR LE SAHARA… ET PRATIQUEMENT ZÉRO POUR LES RÉGIONS GLACÉES DES PÔLES.

6

Recommence ensuite l'opération dans plusieurs autres endroits : la même pelouse mais au pied d'une haie, la prairie située en face de chez toi, le talus d'un chemin… Tu vas découvrir ainsi la richesse (ou la pauvreté) botanique de ces différents milieux…

JARDINS SPÉCIAUX

# FAIS POUSSER UNE PRAIRIE SAUVAGE

Vroom, vroom...
Après le passage des tondeuses à gazon, le silence règne sur la pelouse : plus une fleur sauvage, plus une herbe qui dépasse. Quel dommage... Contre ce « désert vert », installe vite une prairie sauvage chez toi !

1

## CHOISIS TES GRAINES

Si tu as un voisin agriculteur, demande-lui la « fleur de foin ». Elle est constituée de toutes les graines qui sont tombées du foin dans sa grange et fait une semence idéale.

Tu peux aussi acheter des mélanges tout prêts dans le commerce ou encore faire le tien toi-même : mélange 80 % de graminées (les herbes) à 20 % de fleurs des champs (trèfle, luzerne, lotier, grande marguerite, pâquerette, carotte sauvage, mauve, chicorée…).

*Pour une prairie de 10 m², il te faudra 24 g de graines de graminées et 6 g de fleurs, pas plus !*

2

## SÈME TA PRAIRIE

Un sol bien retourné et une terre finement travaillée au râteau, sans engrais (la prairie préfère les sols pauvres), voilà un bon départ. Sème tes graines à la volée. Si tu en as peu, pense à les mélanger à de la cendre de bois ou à du sable fin : leur dispersion sera plus régulière. Recouvre-les en passant à nouveau le râteau, puis tasse doucement le sol.

## ENRICHIR UNE PELOUSE

TU AS DÉJÀ UNE PELOUSE ? PAS DE PROBLÈME : TU PEUX EN TRANSFORMER UNE PARTIE EN PRAIRIE NATURELLE. POUR CELA, TU VAS Y REPIQUER DES JEUNES PLANTS DE FLEURS DES CHAMPS, RÉCUPÉRÉS DANS UNE PRAIRIE VOISINE OU SUR LE BORD DES CHEMINS.
TU PEUX AUSSI SEMER DES GRAINES DE FLEURS DES CHAMPS DIRECTEMENT SUR LES TAUPINIÈRES OU SUR DES ESPACES DE TERRE NUE ET GRATTÉE.
ENFIN, PENSE À DÉLIMITER L'ESPACE CHOISI : LA TONDEUSE NE DOIT PLUS Y VENIR !

3

## TALLE TA PRAIRIE

Quand toutes les graines auront levé et que les plantules auront 3 ou 4 feuilles, passe un rouleau sur ta pelouse pour favoriser le « tallage » des plantes, c'est-à-dire leur étoffement.

PRAIRIE FLEURIE

4

## ENTRETIENS TA PRAIRIE

En cas de sécheresse, pense à arroser un peu ta jeune prairie. Sinon, il suffit de faucher régulièrement… mais pas n'importe quand. Il faut attendre que les plantes aient eu le temps de fleurir et de faire des graines.

*Une belle prairie fleurie pousse sur un sol… pauvre. Pas d'engrais donc, car cela privilégierait la « verdure » aux dépens des fleurs.*

5

## FAUCHE TA PRAIRIE

La première année, une seule coupe en septembre suffit. Ensuite, 2 coupes peuvent être nécessaires pour éviter que les ronces et les arbustes ne viennent coloniser le terrain : la première en juillet, la seconde fin septembre.

Mais dans tous les cas, ne fauche jamais tout d'un seul coup. En épargnant une parcelle, tu laisseras un refuge à la faune dérangée par ton travail. Attends 15 jours avant de couper le reste de ton minipré.

CUISINE SAUVAGE

# BEIGNETS DE FLEURS D'ACACIA

INGRÉDIENTS

- DU LAIT (1 L AU MAXIMUM)
- 250 G DE FARINE
- 2 ŒUFS
- DU SUCRE
- 1 SACHET DE LEVURE
- 1 PINCÉE DE SEL FIN
- AU MOINS 2 GRAPPES DE FLEURS D'ACACIA PAR PERSONNE
- 1/4 L D'HUILE À FRITURE

L'acacia est bien connu des abeilles : les fleurs blanches de cet arbre sont tellement gorgées de nectar sucré qu'elles en font un des miels les plus fins. Profite toi aussi de ces fleurs, non pas pour faire du miel, mais pour confectionner de délicieux beignets.

1

Verse la farine, le sel, la levure et 1 cuillère à soupe de sucre dans un saladier. Creuse une petite fontaine au centre, ajoute les œufs.

2

Verse un peu de lait et commence à mélanger progressivement à l'aide d'un fouet ou d'une fourchette. Rajoute du lait petit à petit et cela jusqu'à ce que toute la farine soit incorporée. Tu dois obtenir une pâte à beignets bien lisse, à la consistance d'un miel onctueux.

## ASTUCE

POUR ÉVITER LES GRUMEAUX, FAIS-TOI AIDER PAR UN AMI : PENDANT QUE TU BRASSERAS AVEC LE FOUET, IL VERSERA DOUCEMENT ET RÉGULIÈREMENT LE LAIT DANS LA FONTAINE. TU PEUX AUSSI UTILISER UN BATTEUR ÉLECTRIQUE.

3

Laisse reposer la pâte pendant environ 1 h. Puis trempe les fleurs dans la pâte. Quand les fleurs sont bien recouvertes, pose-les dans un plat.

## NE PAS OUBLIER

Tu trouveras des acacias en fleur un peu partout : dans les parcs, le long des chemins, dans les petits bois… La présence d'épines sur l'acacia t'empêchera de grimper dans cet arbre pour cueillir les fleurs. Profite plutôt de certains rameaux tombants pour faire ta récolte. Évite les acacias en bordure de routes fréquentées, leurs fleurs sont trop polluées !

4

Pendant ce temps, fais chauffer l'huile dans une poêle. Quand l'huile est chaude, plonges-y les fleurs empâtées. Retourne-les avec un écumoir. (Attention aux éclaboussures d'huile bouillante…)

5

Dès que les beignets sont dorés, sors-les et dispose-les dans un plat tapissé de papier absorbant (pour enlever l'excès de gras).Déguste-les chauds, après les avoir saupoudrés de sucre.

## L'ACACIA N'EST PAS UN ACACIA !

On l'appelle ainsi parce qu'il ressemble beaucoup au vrai acacia africain. Mais en réalité, c'est un robinier faux acacia… Fais bien attention de ne pas le confondre avec le cytise, qui fleurit jaune en été et dont les fleurs sont très toxiques !

# L'eau de cendre… incolore

1

Il te faut de la cendre de bois tamisée, un filtre à café, un porte-filtre et de l'eau chaude (attention…).

CENDRE DE BOIS

2

Dépose 2 bonnes cuillères à café de cendre dans le filtre, et verse doucement de l'eau chaude.

3

Un jus un peu jaune sort du filtre, c'est ton eau de cendre. Mets-la soigneusement de côté.

EAU DE CENDRE

EAU DE CENDRE

ARTISTE EN HERBE

# La peinture au chou

Incroyable, le gros chou rouge du potager : réduit en jus, il passe du violet au rose fluo, puis au bleu, puis au vert ! De quoi réaliser de belles séances de « peinture botanique »…

## Comment ça marche ?

Le jus de chou rouge est un « réactif indicateur d'acidité », disent les savants. Plus simplement : sa couleur change selon ce avec quoi il est en contact. Si ce sont des acides (comme le jus de citron), il vire au rose. Si ce sont des bases (comme l'eau de cendre ou l'eau savonneuse), il vire au bleu, puis au vert. La magie du chou, en fait, c'est de la chimie !

## Du jus de chou tout violet

1

Découpe des morceaux de chou rouge et passe-les dans une centrifugeuse. Filtre le jus obtenu.

2

Te voici avec un beau violet assez clair, qui va s'assombrir un peu en séchant sur une feuille de papier.

3

Dispose une quantité égale de ce jus de chou dans une série d'éprouvettes ou de petits pots en verre.

*Attention, la magie va commencer…*

JUS DE CHOU

# CHOU + CENDRE = UNE PALETTE DE COULEURS

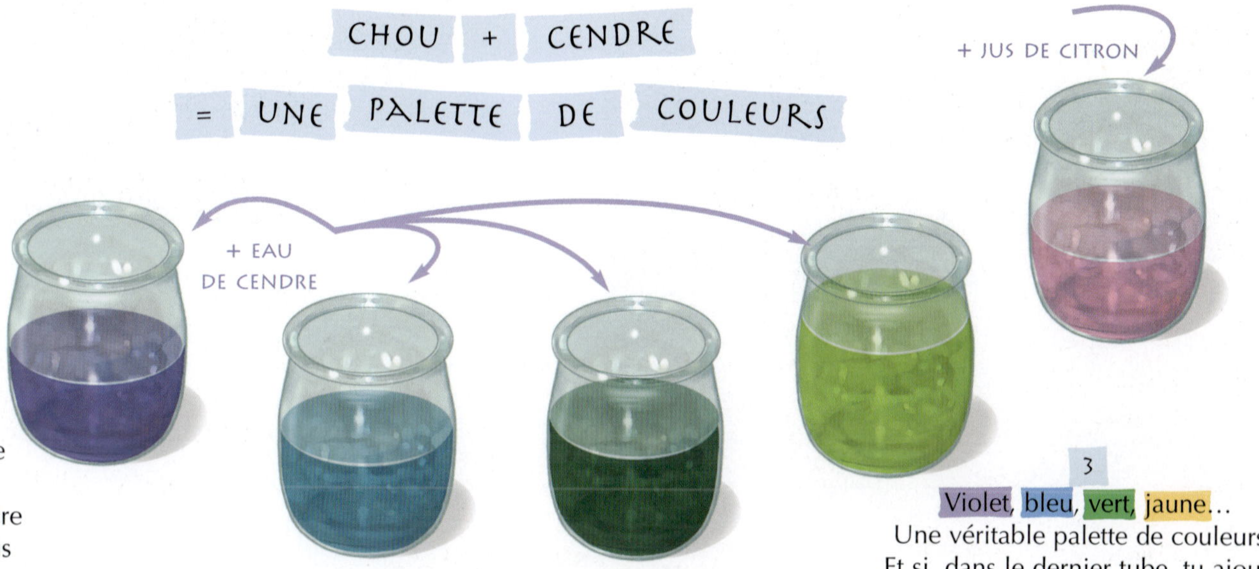


1

Laisse le 1er tube juste avec du jus de chou. Verse de l'eau de cendre dans le 2e, un peu plus dans le 3e… La couleur bleue apparaît.

2

Dans le 4e, verses-en un peu plus, et encore plus dans le 5e… Voici le vert. Pour mieux le voir, tu peux diluer le mélange avec de l'eau.

3

Violet, bleu, vert, jaune… Une véritable palette de couleurs ! Et si, dans le dernier tube, tu ajoutes du jus de citron, te voilà avec… du rose !

# CITRON ROSE ET SAVON BLEU

1 Enduis une feuille de dessin avec du jus de chou, de façon à avoir un fond uni. Laisse sécher.

2 Trempe un pinceau dans du jus de citron pour avoir du rose fluo. Utilise un autre pinceau pour obtenir du bleu ciel avec l'eau savonneuse.

3 À toi, maintenant, de créer des tableaux avec ton chou magique…

## MESSAGES SECRETS CITRONNÉS

LE JUS DE CITRON A UNE AUTRE PROPRIÉTÉ MAGIQUE : TRANSPARENT, IL BRUNIT AU CONTACT DE LA CHALEUR.

1

Presse un citron et filtre le jus obtenu. Plonge un pinceau fin dans le jus et écris le message de ton choix sur un papier. Attends que cela sèche bien… et transmets ton message invisible à son destinataire.

2

Pour le révéler, ton correspondant doit approcher la feuille de papier de la flamme d'une bougie (attention au feu), ou la repasser au fer.

PROTECTION

# UN HÉRISSON DANS TON JARDIN

Le hérisson aime à se promener la nuit dans les jardins pour se nourrir de limaces, de chenilles, de scarabées... Qui sait, peut-être se baladerait-il dans le tien ? Surtout si tu lui facilites la vie...

Crée plusieurs petits passages dans les clôtures, hauts de 5 à 6 cm. Grâce à ces ouvertures, le hérisson pourra accéder à ton jardin et se balader dans plusieurs propriétés. Attention : ne crée pas de passage donnant sur une route !

Le hérisson déteste les allées de gravillons, il ne les franchira que contraint et forcé ! C'est donc un obstacle qu'il passe rarement. Dans ton jardin, préfère les allées de pierres plates.

Si tu as un chien ou un chat, attache-lui autour du cou un grelot. Le hérisson, averti par le bruit, évitera de fâcheuses rencontres.

## ATTENTION

N'utilise surtout pas de granulés antilimaces. Les hérissons (et bien d'autres animaux) s'empoisonnent souvent en mangeant les limaces intoxiquées.

Le hérisson est attiré par les pelouses rases à l'abri du vent. C'est un terrain idéal pour la chasse aux vers de terre.

En été, lors des périodes de sécheresse, une soucoupe d'eau permettra au hérisson d'étancher sa soif. Ne mets pas de lait, ça lui donne la diarrhée !

Au pied des haies ou des bosquets d'arbustes, installe plusieurs tas de foin et de feuilles mortes. La maman hérisson pourra y faire un nid pour ses petits.

Les bassins peuvent être des pièges mortels : si l'animal y tombe, il ne peut plus remonter et il se noie. Installe donc une planche qui lui permettra de se tirer d'affaire.

Une plaque de bois contre un mur, surmontée d'une bâche, constitue un excellent gîte pour hiberner. À condition de placer dessous du foin et des feuilles mortes.

## UN GÎTE À HÉRISSON

RIEN DE PLUS FACILE : IL TE SUFFIT D'AMÉNAGER UNE « CHAMBRE » DANS UN SIMPLE TAS DE BOIS.

1 Commence par construire ton tas de bois comme indiqué ci-contre. La chambre doit être large d'au moins 30 cm et longue de 40 cm. N'oublie pas l'entrée !

2 Place des feuilles mortes dans la chambre. Le hérisson les utilisera pour faire son nid.

3 Pour éviter que la pluie tombe à l'intérieur, installe une planche et une bâche en plastique juste au-dessus de la chambre.

4 Voilà, tu n'as plus qu'à empiler les bûches les unes sur les autres à la manière d'un vrai tas de bois.

*Cet abri pourra servir de salle d'hibernation en hiver et abriter la maman et ses petits au printemps. Donc, pas question de regarder si le gîte est occupé : le hérisson risquerait d'abandonner ton hôtel !*

## REPÉRAGE DE NIDS

DÈS LA FIN DE L'HIVER, COMMENCE PAR GUETTER LES « INDICES » DE NICHÉE. UN COUPLE S'AGITE AUTOUR D'UNE HAIE, EN EN SORTANT, EN Y RENTRANT ? ILS CHERCHENT SANS DOUTE LE MEILLEUR EMPLACEMENT... UN OISEAU EN VOL TRANSPORTE UNE BRINDILLE DANS LE BEC ? UN NID EST EN CONSTRUCTION PRÈS D'ICI... UN AUTRE FILE LE BEC CHARGÉ D'INSECTES ? DES PETITS ATTENDENT LA BECQUÉE DANS LE QUARTIER... PATIEMMENT (ET SANS JAMAIS DÉRANGER !), TU VAS REPÉRER AINSI LES EMPLACEMENTS DES NIDS DANS TON SECTEUR.

ENQUÊTE NATURE

# LES OISEAUX S'INSTALLENT

Au printemps, les oiseaux perdent un peu la tête. Normal, c'est la période des amours. Alors ils s'agitent, chantent, furètent partout... Bientôt, ils vont construire leur nid et élever leur petite famille. Mène l'enquête pour connaître les oiseaux nicheurs de ton quartier.

LA CIGOGNE

Les cigognes aiment les endroits élevés : les couples choisissent le faîte d'un toit pour longtemps, ajoutant chaque année une couche de branchages sur leur nid.

LA MÉSANGE CHARBONNIÈRE

La mésange charbonnière a absolument besoin d'un creux avec une petite ouverture pour son nid. Sympas, les hommes sont là pour lui fournir des vieilles boîtes aux lettres, des pots de fleurs ou des arrosoirs... Un simple parpaing fait l'affaire !

LA HUPPE

La huppe est une paresseuse : elle ne veut pas passer son temps à élaborer un nid, alors elle choisit des cavités toutes faites. Un petit espace sous les tuiles d'un toit, par exemple.

L' ÉTOURNEAU

Pourquoi s'user le bec à creuser un trou dans un arbre, quand d'autres le font très bien à votre place ? C'est ce que doit penser l'étourneau, qui occupe souvent une ancienne loge de pic.

LE MOINEAU

Dans le fût d'un canon, sous la cloche d'une gare, ou encore sous une girouette de clocher : les moineaux s'installent vraiment partout.

## NOTES DE PRINTEMPS

C'EST LE MOMENT DE NOTER PRÉCISÉMENT L'EMPLACEMENT DES NIDS PAR UN POINT SUR UN PLAN PRÉCIS (AVEC LES RUES, LES BÂTIMENTS, LES HAIES, LES JARDINS...). UTILISE UNE COULEUR DIFFÉRENTE POUR CHAQUE ESPÈCE. POUR PRÉPARER TES OBSERVATIONS, FABRIQUE-TOI UN « CARNET DE TERRAIN ». RÉSERVE AU MOINS UNE PAGE COMPLÈTE PAR NICHÉE, SUR LAQUELLE, AU FIL DE TES OBSERVATIONS, TU VAS NOTER :

- L'EMPLACEMENT DU NID (LIEU, HAUTEUR) ;
- SA COMPOSITION (BRANCHETTES, MOUSSES, PLUMES...) ;
- SA DATE DE CONSTRUCTION ;
- L'ÉVOLUTION DE LA NICHÉE : DATE DE LA PONTE, DE L'ÉCLOSION, DE L'ENVOL DES JEUNES...

MAIS ATTENTION, ENCORE UNE FOIS, TU NE DOIS JAMAIS METTRE EN DANGER LA NICHÉE. ALORS VA VOIR TES PROTÉGÉS AUSSI SOUVENT QUE POSSIBLE (JUSQU'EN JUIN), MAIS TOUJOURS À DISTANCE ET EN SILENCE.

BRICOLAGE

# ÉLOIGNER LES OISEAUX

Les oiseaux du jardin sont bien gentils… sauf quand ils viennent gratter tes semis ou picorer tes cerises ! Et comme tu ne peux pas toujours être là pour les surveiller, construis-toi un allié… sonore et effrayant !

## TON ÉPOUVANTAIL ÉPOUVANTABLE

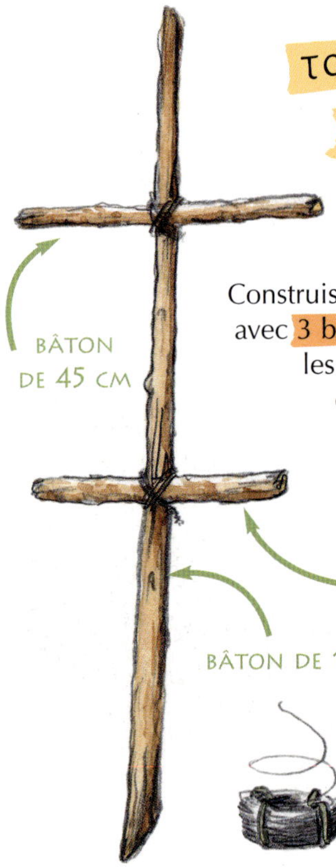

**1**

Construis le « squelette » de ton épouvantail avec 3 bâtons : le plus grand pour le corps, les 2 autres pour les « épaules » et les « hanches ». Fixe-les avec des ligatures croisées en fil de fer.

**2**

Découpe un vieux tee-shirt blanc pour obtenir un rectangle, remplis-le de paille et couds-le pour faire la tête. Pour que celle-ci soit le plus « effrayante » possible, glisse des boulettes de papier dans la paille… et dessine le visage à ton goût !

**3**

Enfile le « squelette » dans un pantalon, puis plante-le dans le sol. Attache les vêtements autour, bourre-les de paille et installe la tête. Tu peux rajouter un chapeau, des gants, une veste…

**4**

Noue des grelots sur un fil, tous les 2 cm environ. Plante 2 clous sur les épaules (dans le bâton) de ton épouvantail, et accroche dessus ton collier de grelots, en le nouant autour du cou.

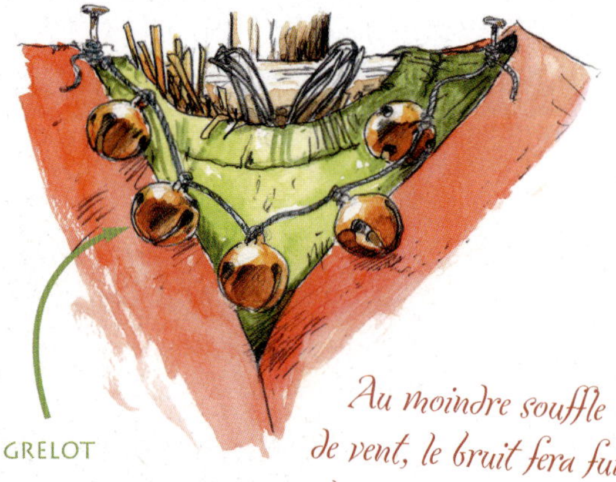


*Au moindre souffle de vent, le bruit fera fuir les oiseaux gourmands les plus intrépides !*

## CD REPOUSSOIRS

Aïe ! Aïe ! Les oiseaux sont en train de se régaler avec les fraises et les cerises du jardin… Il faut agir, et vite, sans avoir le temps de construire un épouvantail !

1

Récupère une dizaine de CD, par exemple des CD-Rom publicitaires (on en trouve pas mal dans les revues, pour les services Internet, et ils sont bien souvent inutiles…).

2

Au milieu des cultures à protéger, fixe sur un piquet de 1,50 m de haut une baguette de 60 cm. Suspends de chaque côté plusieurs CD avec des fils de Nylon invisibles.

ATTENTION, NE CHERCHE PAS À CHASSER LES OISEAUX EN PERMANENCE : LA PLUPART REND AUSSI DE GRANDS SERVICES, EN DÉVORANT BON NOMBRE D'INSECTES PARASITES. TOUT EST QUESTION D'ÉQUILIBRE…

*Le vent fait danser les disques dans le soleil et le miroitement de leur surface métallisée apeure les oiseaux.*

## BRUITS EFFRAYANTS

Pour lutter contre la présence envahissante d'étourneaux, de corneilles ou de goélands dans certaines villes, les savants ont mis au point une méthode étonnante : la protection sonore. Il s'agit soit d'émettre des détonations à l'aide de canons, soit de diffuser par haut-parleurs des cris de détresse d'oiseaux, qui transmettent ainsi aux indésirables un sentiment de crainte.

*Sur les pistes d'aéroport, on utilise également ces techniques, ou encore parfois des faucons dressés pour effrayer les autres oiseaux !*

# JARDIN DE MAI

## FAIS POUSSER DU POP-CORN !

*Une soirée télé ou une séance de cinéma avec pop-corn, quel régal ! Au fait, c'est quoi, le pop-corn ? Ni plus ni moins qu'un grain de maïs frit !*

1

Le mois de mai est le mois idéal pour semer le maïs : dans une terre bien travaillée, sème un grain de maïs doux tous les 10 cm, enterré de 5 cm.

2

Un mois après, enlève 1 pousse sur 2, pour « éclaircir ». Le maïs pop-corn est un « boit-sans-soif », n'oublie pas de l'arroser souvent. Il pousse vite et atteindra 2 m de haut en été.

3

Ta récolte sera prête en septembre ou octobre, selon la région où tu habites, lorsque les grains en épis seront mûrs et secs. À toi alors de les faire éclater dans un peu d'huile avec du sucre en utilisant une casserole bien recouverte.

« En avril, ne te découvre pas d'un fil. En mai, fais ce qu'il te plaît ! » C'est le message que semble lancer le jardin en ce moment : avec le soleil triomphant, les petites pluies et les journées qui n'en finissent pas, la végétation semble partie pour ne plus jamais s'arrêter de pousser…

## À FAIRE AUSSI EN MAI…

MUGUET

- Le 1er mai, offrir du muguet !
- Début mai, multiplier les violettes.
- Les 11, 12 et 13 mai, attention aux Saints de glace, danger de gel tardif…
- Mi-mai, planter les tomates en pleine terre et les tuteurer.
- Fin mai, semer les premiers haricots.
- Tout le mois, visiter d'autres jardins, c'est maintenant qu'ils sont le plus fleuris.

## LA TONTINE AUX CAPUCINES

*La tontine est un petit panier décoratif, dont la forme ressemble un peu à un gros œuf. Elle sert au fleuriste à présenter les potées fleuries. Elle peut te servir aussi à faire pousser des plantes grimpantes.*

Capucine

Pour reproduire une tontine, prends un beau pot de fleurs en terre cuite. Remplis-le d'un mélange de terre végétale, puis plante tout autour 6 brins d'osier de 60 cm de long à lier ensemble à leurs sommets.

Ta tontine est prête à recevoir quelques graines de capucine, des haricots d'Espagne, un pied de cornichon ou de melon...

À toi de voir, l'important étant de choisir une plante grimpante qui va bien vite partir à l'assaut des brins d'osier.

## LES 3 SŒURS D'AMÉRIQUE

*Maïs, potiron, haricot...*
*ces 3 légumes n'existaient pas dans les jardins d'Europe au Moyen Âge. Normal : ils viennent d'Amérique centrale et du Sud. Ce sont 3 sœurs de culture, car depuis toujours, on les associe dans les petits champs accrochés aux montagnes. Voici comment...*

Maïs
Potiron
Haricot grimpant

La première à voir le sol, c'est la graine de maïs. Elle pousse vite, et dès que la plante fait de 10 à 15 cm de haut, il faut enfouir à ses pieds les graines de haricot grimpant.

Le haricot grimpant va s'entortiller autour du maïs-tuteur, tout en lui apportant de l'azote bénéfique à sa croissance.

Les 2 consœurs semées en nombre vont vite faire de l'ombre, qui sera bénéfique au potiron.

En juin, ce sera le moment de repiquer les plants de potiron qui attendent sous le châssis ; ils ramperont sur le sol entre les 2 autres, leur gardant un sol toujours frais.

*Et voilà nos 3 sœurs réunies !*

Ingrédients

- 500 g de sucre
- 1/2 l d'eau
- 1,5 l de pétales de coquelicots (une bouteille remplie)

Ustensiles

- une bouteille plastique
- un hachoir à main (attention les doigts...)
- une planche à découper
- une grande casserole
- des pots à confiture

Cuisine sauvage

# CONFITURE DE COQUELICOT

Les coquelicots sont de retour ! Depuis quelques années, ils envahissent de nouveau le bord des routes et les talus. Tant mieux : on peut en faire des confitures délicieuses...

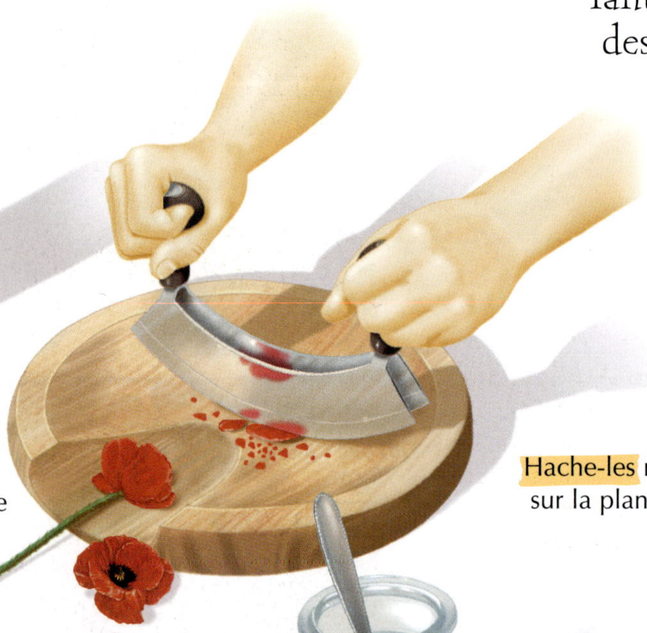

1

Récolte les pétales, sans les tasser, dans une grande bouteille plastique décapitée de 1,5 l.

2

Hache-les menu au hachoir sur la planche à découper.

*Attention de ne pas te brûler !*

ASTUCE

Tu préfères les bonbons plutôt que la confiture ? Pas de problème, il te suffit de prolonger la cuisson de quelques minutes. Puis, avec une petite cuillère, forme des petites boules et refroidis-les rapidement pendant 10 min au bas du réfrigérateur... Mmm...

3

Fais fondre le sucre dans l'eau à feu doux. Continue la cuisson jusqu'au stade « petit boulé ».

PETIT BOULÉ

Quand tu fais tomber une goutte de sirop dans de l'eau froide, elle se fige en petite boule.

Le coquelicot est un proche cousin du pavot, mais les savants botanistes le classent aussi parmi les plantes « messicoles », c'est-à-dire celles qui poussent dans les champs de blé et autres céréales, avec d'autres espèces très belles comme le bleuet ou la nielle des blés.

Pour survivre, le coquelicot a dû s'exiler et quitter ses amis. Et il a finalement trouvé de nouveaux lieux accueillants, comme les bords de routes, les friches, les terrains vagues et les jardins sauvages. Depuis quelques années, il les colonise sans complexe, grâce aux milliers de petites graines très légères qui s'échappent de ses capsules-fruits (un seul gramme de semence en contient jusqu'à 10 000 !).

COQUELICOT

PAVOT

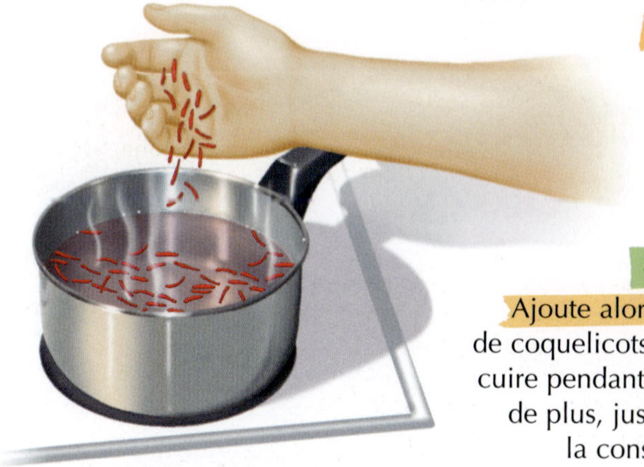

4

Ajoute alors les pétales de coquelicots hachés. Laisse cuire pendant environ 8 min de plus, jusqu'à obtenir la consistance d'une gelée.

*À déguster... après refroidissement complet.*

5

Verse la confiture encore chaude dans des petits pots stérilisés. Ferme-les avec une Cellophane ou une capsule hermétique.

## NE PAS CONFONDRE

Certaines personnes croient que le coquelicot est dangereux pour la santé, ce n'est pas vrai du tout. Seul le pavot somnifère, de la même famille, contient des produits toxiques, et encore, seulement dans sa capsule. Le reste de la plante est comestible, et c'est pourquoi tu peux acheter chez ton boulanger de délicieux pains aux graines de pavot somnifère !

ENQUÊTE NATURE

# LA VILLE AU NATUREL

Pour faire une ville, riche et vivante, on raconte qu'il faut au moins 600 ans. Autant dire une longue histoire, qui s'est composée avec les éléments naturels. À toi de les retrouver en recherchant les bons indices.

## L' EMPLACEMENT IDÉAL

La plupart du temps, les hommes ont soigneusement choisi le lieu avant de construire une ville : ce pouvait être au bord d'un fleuve, parfait pour faciliter le déplacement des marchandises en bateau, ou encore près d'un guet permettant de franchir la rivière facilement ; on pouvait aussi choisir un piton ou une colline, situation élevée pour pouvoir bien se défendre ; enfin, pour les villes du littoral, une baie naturelle était le lieu de rencontres idéal entre la mer et la terre.

Tu peux sans doute retrouver la bonne raison qui a « lancé » ta ville, en étudiant la géographie de ta région.

1930

2005

En comparant une ancienne carte postale et une carte actuelle, tu découvriras sans doute les différentes étapes de l'agrandissement de ta ville : vieux centre, faubourgs, nouvelle périphérie... Avec des photos d'autrefois et le nom des rues, tu pourras aussi découvrir l'ancien tracé d'un fleuve et toutes les activités que les hommes exerçaient autour de lui.

En longeant le fleuve dans ta ville, repère les anciens bâtiments, et essaye de savoir à quoi ils servaient autrefois, en fonction de leur nom, de leur forme, de leur emplacement : moulin, halle aux poissons, port, lavoir...

## Matériaux naturels

En regardant attentivement de quoi sont faits les vieux bâtiments, tu en apprendras beaucoup sur la géologie de ta région ! En effet, autrefois, les hommes n'allaient pas chercher bien loin les matériaux de construction, ils se servaient des matières naturelles qu'ils trouvaient directement sur place, dans le sol, pour construire les murs et les toits.

Les tuiles sont soit en ardoise, soit en argile cuite. Les couleurs de ces éléments peuvent varier selon les régions.

En ardoise

En terre cuite

En briques

En pierre

### L'évolution continue

Chaque jour ou presque, des travaux ont lieu dans ta ville. Et depuis quelques années, certains aménagements prennent en compte la préservation de la nature : une mairie met en place de nouveaux espaces verts ou des promenades le long des fleuves, des associations créent des « sentiers naturels » urbains ou même des mares en pleine cité… Alors à toi d'ouvrir l'œil pour profiter de tous ces bons coins !

Dans les régions calcaires ou granitiques, on taillait directement dans la pierre. Alors que dans les plaines argileuses, on cuisait des briques pour bâtir les murs.

Jardins spéciaux

# Ton potager en carrés

Le plus petit potager du monde peut tenir sur ton balcon ou ta terrasse ! Avec lui, tu vas produire des légumes pour toute ta famille...

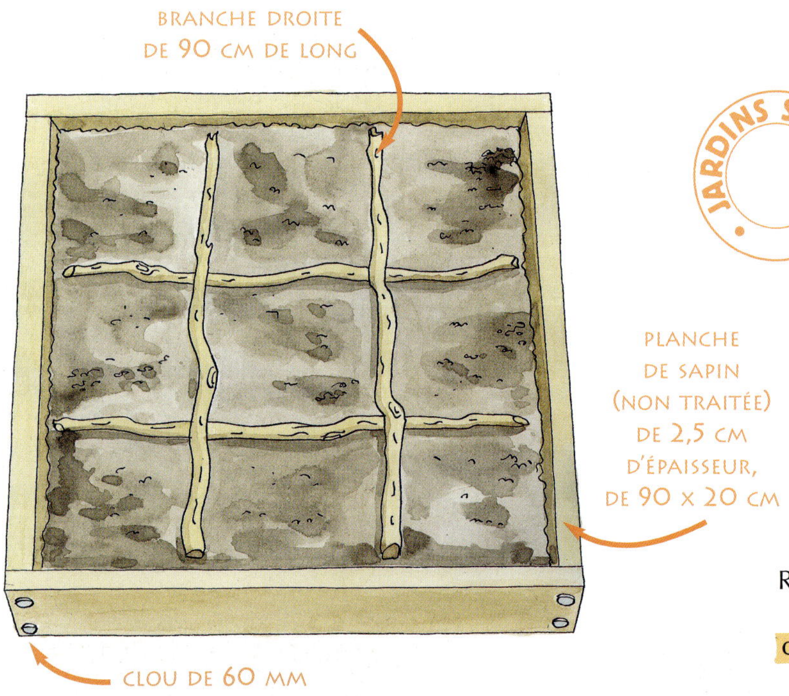


## Terre nourricière

Remplis ton bac aux 3/4 avec le mélange de terre et de terreau. Avec les branches droites, cloisonne le jardin en 9 petits carrés de taille identique. Choisis les espèces que tu vas y faire pousser parmi les cultures qui poussent vite et prennent peu de place : radis, laitue, haricot nain, fleurs en godets... Élimine d'office asperges, artichauts, aubergines et autres cultures longues.

## Bricolage tout simple

Assemble les 4 planches en forme de carré, en clouant les planches entre elles (2 clous par angle). Si tu installes ton jardin en carrés sur un balcon, pose le cadre sur un grand plastique et prévois un écoulement pour les eaux d'arrosage : les voisins du dessous apprécieront !

RADIS

## De tout un peu

L'une des règles du jardin en carrés, c'est de n'installer que quelques pieds de chaque espèce : 1 pied de tomates, 3 de ciboulette, 3 batavias, 3 betteraves rouges, 2 dahlias... Pour gagner du temps, plante chaque fois que tu le peux des plants en godets. Ensuite, les travaux de jardinage sont tout simples : désherbage, tuteurage, arrosage, récolte... 5 min par jour, pas plus !

## ROTATION DE LÉGUMES

La seconde règle essentielle de ce jardin, c'est la rotation, c'est-à-dire la succession des cultures. Tu favoriseras les rotations courtes : dès que tu as récolté une belle laitue bien pommée, un petit coup de griffe, et tu replantes 2 pieds de ciboulette. Là-bas au fond, un pied de tomates est malade ? Enlève-le vite et remplace-le par quelques graines d'épinards... Ainsi, tu n'auras jamais de place vide. Et les récoltes vont se succéder au fil des saisons, pour le plaisir de tous !

## CHOIX DIFFICILE

Implante tes cultures en faisant bien attention à la géographie du lieu. Les grimpantes seront bien sur le côté qui touche au mur (haricots, petits pois, cornichons, capucines). Les coureuses (courges, potimarrons) iront en bordure : elles pourront ainsi s'étendre à l'extérieur du jardin. Le centre est à réserver aux radis et aux salades, aux aromatiques (ciboulette, persil, thym), sans oublier les fleurs à floraison longue : pensées, œillets d'Inde, dahlias nains...

Si tu installes ton potager sur la terrasse, un vieux drap au fond empêchera la terre de se répandre sur la dalle.

ANIMAUX DOMESTIQUES

# DES POULES AU JARDIN

Mmmm…
Avoir des œufs tout frais chaque matin, c'est possible, en accueillant quelques poules dans ton jardin. Mais attention, elles peuvent faire de gros dégâts si tu ne leur dictes pas un code de bonne conduite…

## AVANTAGES

C'est prouvé, une poule en liberté dans un jardin pond plus d'œufs, avec des jaunes plus vifs, que le même animal enfermé dans un poulailler. Pourquoi ? Parce que plus elle mange d'herbe fraîche, plus le jaune est intense.

Quand tu jardines, les poules libres te suivent dans les plates-bandes, à la recherche de la moindre larve d'insecte ou de la plus petite limace que ton travail aura mises à la lumière. Ainsi, elles te débarrassent d'un nombre important d'ennemis de tes cultures.

*Les poules t'accompagnent dans ton travail !*

Les poules participent aussi en partie à ton travail, grattant la terre avec leurs pattes en même temps que toi, s'arrêtant quand tu poses ta bêche, reprenant leur griffage léger quand tu recommences.

LIMITE-TOI À 1 OU 2 POULES DANS TON JARDIN, PAS PLUS, EN ÉVITANT D'AVOIR UN COQ EN PLUS (SINON, TU RISQUES DE TE RETROUVER VITE AVEC UNE FAMILLE NOMBREUSE…).

Avec elles,
plus un déchet ne traînera au potager : pépins de courges, vieilles tomates abîmées, salades montées en graines, restes de goûter, tout cela fera le délice de ces voraces.

Leurs recherches permanentes à coups de bec sur le tas de compost l'aideront à se décomposer mieux et plus vite.

*Leurs déjections, utilisées parcimonieusement sur tes cultures, feront un excellent engrais.*

LAISSE TES POULES ENFERMÉES AU PRINTEMPS, PENDANT LA PÉRIODE OÙ TES SEMIS SONT EN COURS DE GERMINATION. RELÂCHE-LES QUAND LES JEUNES PLANTS SERONT SUFFISAMMENT FORTS POUR RÉSISTER À LEURS GRATTAGES.

CONSTRUIS UN POULAILLER, AVEC DES COINS DE PAILLE CONFORTABLES POUR QUE TES POULES AIENT ENVIE D'Y PONDRE, ET HABITUE-LES À Y DORMIR CHAQUE NUIT EN LES Y ENFERMANT LE SOIR.

## INCONVÉNIENTS

Les poules grattent partout… meme la où il ne faut pas, comme sur les jeunes semis ou au milieu des plantations toutes fraîches…

Elles pondent un peu partout, (par exemple dans la boîte aux lettres), parfois dans les endroits les plus cachés, et il est bien difficile alors de retrouver leurs œufs à temps pour en profiter.

Elles dévorent les limaces et les moustiques, mais aussi les larves de coccinelles ou les bourdons, pourtant bien utiles au jardin.

# LES PAPILLONS DU JARDIN

IDENTIFICATION

Il fait grand soleil ? Alors sors vite pour découvrir les papillons du printemps : ils t'invitent à revisiter ton jardin, en te guidant, au fil de leur vol coloré, vers leurs coins préférés.

Il adore les jardins où il trouve en abondance des fleurs et des plantes hôtes pour ses chenilles.

## LE MACHAON

(ou grand porte-queue)
Avec ses 10 cm d'envergure, c'est l'un des plus grands de nos papillons de jour. Le plus magnifique aussi, avec ses ocelles bleus et ses ailes jaunes et noires qui se terminent en queue d'hirondelle.
Jadis très commun dans toute la France, il est aujourd'hui très rare, victime de l'agriculture chimique…

*Visible 2 fois par an, en avril-mai et en juillet-août.*

Autrefois peu abondante, la piéride du chou a vu sa population s'accroître considérablement à partir du moment où l'homme a cultivé le chou en grandes cultures.

## LA PIÉRIDE DU CHOU

Elle est partout, à la ville et à la campagne, où le moindre jardin, avec son carré de choux, lui permet de se reproduire. Très prolifique, elle arrive à survivre aux traitements et provoque parfois le désespoir du jardinier…

*Visible de mi-avril à début juin et de mi-juillet à octobre.*

## L'AURORE

C'est une belle petite piéride, dont le mâle se fait remarquer avec sa grande tache orange sur l'aile antérieure. La femelle, plus discrète pour ne pas attirer les prédateurs, est toute blanche.

*Visible d'avril à juin.*

Si tu sèmes une grande prairie sauvage fleurie, tu as de grandes chances de l'apercevoir car elle fréquente exclusivement ce lieu. Aujourd'hui, elle est devenu rare.

Le citron attend que les bourgeons éclosent pour parader et pondre ses œufs sur les plantes qui nourriront ses chenilles dès le mois de juin.

## Le citron

Il vit plus de 8 mois. Un record pour les papillons qui, habituellement, ne survivent que quelques semaines. Les adultes naissent en juillet et alternent périodes d'activité et périodes de repos, y compris à la fin de l'hiver où ils apparaissent dès les premiers beaux jours. D'ailleurs, on dit qu'ils annoncent le printemps longtemps avant l'hirondelle…

*Visible de février à septembre.*

## Le paon de jour

Le paon de jour adulte adore les fleurs de buddleia, sur lequel il est très facile à observer.

Avec ses grands ocelles bleus qui ressemblent à des yeux, c'est sans doute le papillon le plus populaire. Il est très beau et très commun, surtout dans les jardins où il se sent vraiment chez lui.

*Visible d'avril à septembre.*

Ses chenilles vivent en colonies très nombreuses et sont capables de ravager une touffe d'ortie en quelques heures à peine !

## La petite tortue

Elle est si commune qu'elle est banale, à la ville comme à la campagne. Mais sa vie est un roman : elle ne mange que des orties, vit très longtemps (près de 10 mois), entreprend de grandes migrations et hiverne dans les greniers des hommes, avant de sortir dès les premiers rayons de soleil.

*Visible de mai à septembre.*

## LA BELLE-DAME

La belle-dame est surtout une grande dame : ses couleurs sont discrètes, mais elle fait partie des 5 ou 6 espèces européennes les plus grandes de papillons de jour. L'extérieur de ses ailes est marqué de 5 petits ocelles caractéristiques qui sont sa signature.

*Visible de Juillet à octobre.*
*Les migrations sont le fait de la première génération qui remonte vers le nord.*

LA BELLE-DAME EST PRÉSENTE PARTOUT OÙ L'ON TROUVE DES ORTIES ET DES CHARDONS ! C'EST AUSSI UNE GRANDE MIGRATRICE CAPABLE DE PARCOURIR DES CENTAINES DE KILOMÈTRES.

## LE MYRTIL

Il paraît un peu triste, avec ses couleurs grisâtres, heureusement teintées d'orangé. Un seul ocelle, à l'avant de l'aile, noir ponctué d'une « pupille » blanche.

*Visible de Juin à août.*

C'EST UN HABITUÉ DES PRAIRIES, CAR SES CHENILLES AIMENT L'HERBE TENDRE ET LUI ADORE BUTINER LES PISSENLITS ET AUTRES PÂQUERETTES.

L'ÉCAILLE MARTRE AIME LES ZONES HUMIDES ET, LE SOIR, FRÉQUENTE ASSIDÛMENT LES PARCS ET LES JARDINS.

## L'ÉCAILLE MARTRE

Si elle se sent en danger, elle ouvre brusquement ses ailes et dévoile ses ailes postérieures rouge vif. Surpris, le prédateur s'arrête net tandis qu'elle prend la fuite. Elle et sa chenille sont aussi capables de faire les mortes pour tromper l'ennemi !

*Visible en juillet-août.*

Les lisières de bois, les fonds de vallée, les prairies fleuries et les jardins sont ses terrains de prédilection.

## Le moro-sphinx

Il ne fait rien comme tout le monde : bien qu'appartenant à une famille de papillons nocturnes, il sort le jour ; et en plus, il bat si vite des ailes qu'on ne les voit pas ! Son vol sur place lui permet de butiner les fleurs sans se poser, on dirait un oiseau-mouche…

*Visible de mai à juillet et en septembre-octobre. C'est un grand migrateur.*

Autrefois très commun, le moro-sphinx devient rare.

## Le robert-le-diable

(ou gamma blanc)

Ses ailes sont profondément découpées, comme s'il sortait d'un combat entre pirates ! Lorsqu'il est au repos, on voit très nettement un petit « c » blanc sur ses ailes fermées.

*Visible de fin juin à fin juillet et de fin août à octobre.*

Sa chenille est solitaire et a l'habitude de s'enrouler dans une feuille d'ortie avant de la dévorer ! Les adultes aiment autant le nectar des fleurs que le sucre des fruits mûrs.

## Le vulcain

Deux bandes rouge vif coupent ses ailes noir velouté : ce sont les symboles des feux de l'enfer, dont le dieu s'appelait jadis... Vulcain ! Heureusement, quelques petites taches blanches rendent ce beau papillon très attrayant.

*Visible de juin à septembre.*

# UN JARDIN POUR LES PAPILLONS

PROTECTION

Attirer les papillons est très agréable et pas compliqué : il suffit d'avoir un jardin le plus fleuri possible ! Avec quelques aménagements complémentaires…

Installe un snack à papillons avec une petite coupelle remplie d'**eau sucrée** ou de **confiture** (ne la laisse pas au mois d'août : elle attirerait les guêpes !).

Dans un coin du jardin, laisse les **herbes folles** : elles offrent un grand nombre de plantes qui accueilleront **chenilles** et papillons.

## LES PLANTES DE JARDIN QUI ATTIRENT LES PAPILLONS

La monnaie du pape ; la marguerite ; la capucine ; le souci ; la valériane rouge ; la verge d'or ; le népeta ; l'œillet d'Inde et l'œillet des poètes ; l'onagre ; la julienne des dames ; la lavande ; les menthes ; la ciboulette ; le thym.

Plante un pied de **buddleia**, c'est un véritable restaurant à papillons avec ses grappes de fleurs sucrées. On l'appelle d'ailleurs « **arbre à papillons** »…

CHENILLE DE PETIT PAON DE NUIT

Enrichis ta pelouse avec du trèfle, du lotier, de la coronille et du sainfoin. Plusieurs espèces viendront y butiner et y pondre.

Dans une prairie fleurie, les papillons viendront se délecter du nectar des fleurs. Il faut la faucher seulement une fois par an (au mois d'août).

## LES PLANTES SAUVAGES QUE LES PAPILLONS AIMENT

La primevère ; la cardamine des prés ; le trèfle ; le framboisier ; la ronce ; la cardère ; la centaurée ; le lierre ; la valériane ; la reine des prés ; le séneçon ; le lotier ; l'ortie ; l'eupatoire chanvrine ; la carotte sauvage ; les gaillets ; le compagnon rouge.

Un petit muret de pierres est idéal pour le bain de soleil des papillons.

Un petit coin d'ortie pour les chenilles et les papillons, c'est le paradis.

Lorsqu'il fait chaud, les papillons viennent souvent boire. Offre-leur un petit point d'eau.

## ÉLÈVE DES PAPILLONS

1 Cherche des chenilles sur les orties. Recueilles-en 3 ou 4. Muni de gants, prélève quelques pieds d'orties avec leurs racines. Replante-les dans un grand bocal transparent garni de terre.

2 Installe tes chenilles sur les feuilles d'orties. Vaporise de temps en temps avec de l'eau. Les chenilles sont gloutonnes, veille à ce qu'elles ne manquent pas d'orties.

3 Recouvre bien le bocal avec un grillage fin, car tu vas peut-être assister à la métamorphose d'une chenille… en un beau papillon adulte. Ce jour-là, retire le grillage pour lui rendre sa liberté.

TRAVAUX DE SAISON

# JARDIN DE JUIN

Un des plus grands bonheurs du jardinage, c'est l'échange : de graines, de plants, de boutures... Grâce à lui, on peut chaque année faire de nombreux heureux, en offrant ses végétaux « en trop ». Dans l'autre sens, on enrichit chaque printemps son jardin de nouvelles plantes par les « dons » que l'on reçoit des voisins. Alors pas d'hésitation : bouturons !

## LE BÉGONIA EN FEUILLE

Prends une belle feuille de bégonia et pose-la à plat dans un bac rempli de terreau, les nervures côté terre. Avec un cutter, fais entre 5 et 10 incisions au niveau des nervures, puis arrose. En 3 semaines, de jeunes pousses vont naître à l'endroit des incisions. Quand elles auront de 3 à 5 cm de haut, détache-les délicatement et place-les dans un pot.

## LA MISÈRE DANS L'EAU

Pince entre tes doigts une tige bien formée d'environ 10 cm de long. Enlève les 2 feuilles du bas, étête la tige avec une paire de ciseaux et place ta bouture dans un verre d'eau. En quelques jours, apparaissent les premières racines. La transplantation en terre se fait un mois après environ.

### QUELQUES CONSEILS GÉNÉRAUX

- Pour tes boutures, utilise un greffoir ou un cutter bien aiguisé (attention à tes doigts !), car la coupe doit toujours être propre et nette, juste au-dessous du départ d'une feuille.
- Ne prends jamais de rameau en fleur, attends qu'il soit en feuille.
- Qu'elles soient de bois, de tige ou de feuille, évite absolument le dessèchement des boutures. En bref, ne les laisse pas traîner : sitôt coupées, sitôt bouturées !

## À FAIRE AUSSI EN JUIN...

FLEURS DE TILLEUL

- Début juin, récolter les pommes de terre nouvelles.
- Mettre un épouvantail dans le cerisier.
- Arracher les tulipes dont le feuillage est sec.
- Mi-juin, arroser les radis chaque jour (pour qu'ils ne piquent pas).
- Récolter les fleurs de tilleul pour les tisanes.
- À partir de la fin juin, arroser régulièrement les jardinières.

## L' HORTENSIA SOUS CLOCHE

Hortensia

1 Choisis une jeune pousse de l'année qui n'a pas fleuri. Détache-la d'un coup sec. Enlève avec le greffoir le premier centimètre d'écorce, ainsi que les feuilles de la base.

2 Place ta bouture dans un pot profond de 15 à 20 cm, rempli d'un mélange sable-compost-tourbe humide.

3

Prépare une serre individuelle avec une armature en fil de fer et un sac plastique transparent. Enveloppe pot et bouture avec cette miniserre. Dispose le tout près d'une fenêtre. Au bout de 8 jours, perce le plastique avec une aiguille pour favoriser l'aération.

TU PEUX AUSSI BOUTURER LE WEIGÉLIA, LE GENÊT, LA VIORNE, LE CORÈTE, LA VÉRONIQUE ARBUSTIVE, LE CHÈVREFEUILLE, LA VIGNE VIERGE, LE THUYA, LE FUSAIN, LE GÉRANIUM, LE FUCHSIA, LES ŒILLETS, LES IMPATIENS, LE LIERRE, LE SAINTPAULIA, LE GLOXINIA, L'ABUTILON…

## LE FORSYTHIA EN TERRE

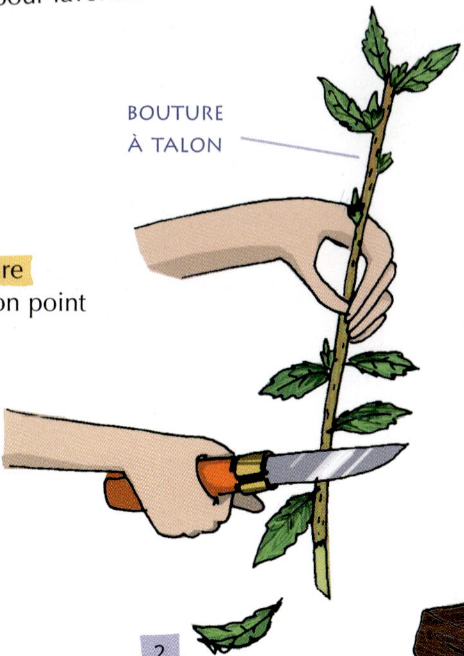


1 Prélève sur une tige de 2 ans une bouture à talon, c'est-à-dire un jeune rameau avec son point d'attache sur la branche.

Forsythia

2

Coupe les feuilles au-dessus des bourgeons (attention à ne pas les abîmer), en en laissant 3 ou 4 en place. Dispose 2 ou 3 boutures dans un pot contenant du compost sableux.

3

Place le tout derrière une fenêtre bien éclairée, maintiens la fraîcheur du sol par arrosage.

4

Dès que les bourgeons commencent à grossir, c'est gagné : la bouture a émis ses premières racines.

# LES PLANTES COLONISATRICES

IDENTIFICATION

Antinature, la ville ? Au contraire… Depuis quelques dizaines d'années, des plantes y gagnent du terrain chaque printemps, profitant du moindre espace laissé libre quelque temps par les humains.

## LE COQUELICOT

Ses graines noires et fines germent en octobre, sur une terre retournée. Dès l'hiver, ses jeunes plantules surgissent. Ses belles fleurs rouges ne vont pas tarder… Elles ne vivent qu'un jour, mais chaque pied en offre plus de 50 au fil du temps.

*Floraison d'avril à juillet.*

VIVANT AUTREFOIS UNIQUEMENT DANS LES CHAMPS DE BLÉ, LE COQUELICOT SURGIT AUJOURD'HUI SUR LA TERRE REMUÉE DES CHANTIERS DE CONSTRUCTION, LE LONG DES VOIES RAPIDES, SUR LES TALUS DE VOIES DE CHEMIN DE FER…

## LE BUDDLEIA

Cet arbuste échevelé, avec ses branches fines ramifiées et ses longues feuilles en pointe un peu pâles, porte des grappes de fleurs mauves, roses ou blanches, dont les papillons adorent le nectar. D'où son surnom d'« arbre à papillons »…

*Floraison de juillet à octobre.*

APPARU IL Y A MOINS DE 100 ANS EN EUROPE (IL VIENT DE CHINE), LE BUDDLÉIA POUSSE AUJOURD'HUI SUR LE MOINDRE TERRAIN NU, LA PLUS PETITE FRICHE, MAIS EST AUSSI BIEN ACCUEILLI DANS LES PARCS ET JARDINS.

L'AMBROISIE FAIT DES RAVAGES DEPUIS QU'ELLE EST ARRIVÉE D'AMÉRIQUE DU NORD : DANS LA RÉGION DE LYON, CHAQUE PRINTEMPS, ELLE POUSSE TANT QUE DES MILLIERS DE PERSONNES SOUFFRENT D'ALLERGIE À SON POLLEN…

## L'AMBROISIE

Au sommet de ses longues tiges velues aux feuilles très découpées, de longs épis de petites fleurs vertes se développent dès le début du printemps, dans les fossés. La plante peut atteindre 1 m de hauteur.

*Floraison de mars à mai.*

Originaire d'Amérique du Sud, cette belle plante a le défaut d'envahir rapidement les étangs et de boucher les cours d'eau. Pour lutter contre elle, rien ne vaut les carpes gloutonnes, excellentes brouteuses de végétaux aquatiques !

## La pâquerette

Lorsque tu cueilles une pâquerette, tu tiens un véritable bouquet ! Cette fleur est en effet constituée de dizaines de petites fleurs serrées les unes contre les autres, dont certaines sont en forme de « pétales ».

*Floraison de février à mai.*

## La jussie rampante

Cette plante grasse aux petites fleurs jaunes se développe en tapis sur les plans d'eau du sud de la France, jusqu'à les recouvrir complètement en quelques années…

*Floraison de mai à septembre.*

La pâquerette réapparaît très vite au retour des beaux jours car elle a préparé depuis longtemps sa floraison : sa rosette de feuilles est prête dès l'automne. Ainsi, elle peut fleurir très tôt, au ras du sol, et éviter ainsi la tondeuse !

## Le pissenlit

Du jaune, du jaune, et encore du jaune… Avec le printemps, le pissenlit envahit les pelouses et les prairies. Et pourtant, en 2 jours à peine, la fleur composée se transforme en boule de graines-parachutes.

*Floraison de mars à juin.*

La légende raconte qu'en soufflant sur les fruits du pissenlit, on peut savoir une foule de choses sur son avenir… Amusant, mais pas forcément vrai, bien sûr. En revanche, ces graines volantes lui permettent de se semer partout…

PLANTE PIONNIÈRE, LA CARDÈRE APPARAÎT SUR TOUS LES SOLS NUS À L'ABRI DES FAUCHEUSES ET DES TONDEUSES, TERRAINS VAGUES, TALUS DE CHEMINS DE FER ET D'AUTOROUTES, BORDS DE HAIES…

## LE PLANTAIN

Il est si discret que tu marches certainement dessus chaque jour sans même le voir ! Car le plantain (en forme d'une plante de pied, d'où son nom) pousse partout en ville, tapi dans l'herbe des pelouses ou incrusté entre les dalles des allées et les anfractuosités des trottoirs.

*Floraison d'avril à juillet.*

SI TU T'ES PIQUÉ AVEC UNE ORTIE, RÉCOLTE VITE UNE FEUILLE DE PLANTAIN, FROISSE-LA ENTRE TES DOIGTS POUR EN EXPRIMER LE JUS ET FROTTE-LA SUR LA PETITE CLOQUE. L'EFFET EST IMMÉDIAT.

## LA CARDÈRE

Grande et svelte, géante parmi les fleurs sauvages, on dirait un chardon sauvage… Modeste rosette de feuilles au départ, elle devient une géante des terrains vagues, couverte de petits « hérissons végétaux » aux fleurs violettes, avant de sécher et de brunir pour l'hiver.

*Floraison de juillet à septembre.*

NOS GRANDS-PARENTS UTILISAIENT CETTE DISCRÈTE POUR SOIGNER DE NOMBREUSES MALADIES : DIGESTIONS DIFFICILES, BRONCHITES ET MAUX DE GORGE, RIEN NE RÉSISTAIT À LA BELLE AUX YEUX BLEUS.

## LA VÉRONIQUE

Petite plante toute discrète, elle rampe suffisamment pour échapper aux lames des tondeuses, et envahit vite les pelouses. Il faut dire qu'elle est aidée en cela par les fourmis gourmandes, mais maladroites, qui disséminent ses graines un peu partout…

*Floraison d'avril à août.*

## LE LISERON

Il court sur le sol, grimpe le long des pieds de tomates, s'entortille sur les arbustes des haies… Rien ne semble arrêter le liseron, dont les tiges fines portent de belles fleurs blanches en clochettes, dans sa conquête du moindre recoin de jardin.

*Floraison de mai à octobre.*

AUTREFOIS, LES JARDINIERS DISAIENT QUE LE LISERON VENAIT DES ENFERS, PARCE QUE L'ON NE VOYAIT JAMAIS LA FIN DE SES RACINES… C'EST DIRE À QUEL POINT LA PETITE PLANTE EST TENACE.

## LA RENOUÉE DU JAPON

Cette plante broussailleuse a des tiges et des feuilles qui meurent chaque année dès les premières gelées. Mais ses racines passent l'hiver à l'abri, sous terre, et dès le début du printemps, de nouvelles tiges apparaissent.

*Floraison en juillet-août.*

DEPUIS SON ARRIVÉE D'ASIE AU XIX$^{e}$ SIÈCLE, LA RENOUÉE GAGNE DU TERRAIN. CAR LA BELLE S'INSTALLE SUR CHAQUE RIVE DE RIVIÈRE DÉBROUSSAILLÉE, SUR CHAQUE DÉPÔT DE GRAVATS.

## L' ORTIE

À cause de ses piquants, on ne l'aime pas trop. Et pourtant, elle possède mille et une qualités : délicieuse en soupe, elle donne un engrais idéal pour les plantes sous forme de purin ; plante nourricière, elle héberge pas moins de 5 espèces différentes de chenilles et papillons …

*Floraison de mai à juillet.*

AUTREFOIS, L'ORTIE ÉTAIT APPRÉCIÉE À SA JUSTE VALEUR : ON LA CUISINAIT, ON EXTRAYAIT SA CHLOROPHYLLE POUR PARFUMER LES CHEWING-GUMS, ON TISSAIT SES FIBRES POUR FAIRE DES VÊTEMENTS…

**Ingrédients**

(pour 1 l de sirop environ)
- 900 g de sucre
- 75 cl d'eau
- 250 g de menthe fraîche

**Ustensiles**

- un bocal
- des casseroles
- une étamine (un linge fin)
- une passoire
- des bouteilles

Cuisine sauvage

# Sirop de menthe fraîche

Chewing-gum, dentifrice, chocolat, thé... Vraiment, la menthe est mise à toutes les sauces ! Et si, plutôt que d'en acheter, tu te concoctais un délicieux sirop ? Mélangé à de l'eau fraîche, il sera idéal pour te désaltérer au cœur de l'été.

1

Mets les plantes fraîches, de préférence fleuries, dans un bocal. Tasse-les un peu et recouvre-les avec l'eau portée au préalable à ébullition. Ferme hermétiquement le bocal (sans te brûler...) pour « emprisonner » le parfum. Laisse infuser pendant 12 h au minimum.

2

Filtre cette « tisane » à travers une étamine (un linge fin) posée sur une passoire. Jette tous les restes de végétaux.

3

Réchauffe doucement la tisane sans la faire bouillir. Ajoutes-y le sucre et brasse le tout jusqu'à ce que le sucre soit entièrement fondu.

## Astuce

Mieux vaut conserver ton sirop dans 2 bouteilles de 50 cl que dans une seule de 1 l. Ainsi, le sirop contenu dans la demi-bouteille non ouverte pourra se conserver durant plusieurs mois.

*Ce sirop peut aussi te servir à faire de délicieux sorbets à la menthe ou à soulager un petit mal de gorge.*

4

Laisse refroidir un peu, puis mets ton sirop en bouteilles et ferme-les soigneusement.

MENTHE

*Ton sirop se conservera mieux à l'abri de la lumière.*

## BONNE À TOUT

TONIQUE, EXCITANTE, ANTISEPTIQUE, DÉSINFECTANTE, RAFRAÎCHISSANTE… PARCE QUE LA MENTHE A DE NOMBREUSES PROPRIÉTÉS MÉDICINALES, CHARLEMAGNE EN AVAIT RENDU SA CULTURE OBLIGATOIRE DANS TOUS LES JARDINS DE SON ROYAUME !

PAR UNE CHAUDE JOURNÉE, OUVRE UNE BOUTEILLE ET DÉGUSTE TON SIROP DILUÉ DANS UN VERRE D'EAU (PROPORTIONS : 1 VOLUME DE SIROP POUR 4 VOLUMES D'EAU, À MODIFIER SELON TES GOÛTS). UNE FOIS LA BOUTEILLE OUVERTE, CONSERVE TON SIROP AU RÉFRIGÉRATEUR.

## SURPRISE …

Ton sirop n'est pas vert, mais couleur caramel ? Pas d'affolement, c'est tout à fait normal ! Les sirops d'un vert vif vendus dans le commerce sont colorés artificiellement (autrefois avec de la chlorophylle extraite de l'ortie…). C'est peut-être plus appétissant, mais la couleur naturelle du sirop de menthe, c'est le brun. Qu'on se le dise…

### QUELLE PLANTE CHOISIR ?

En fait, pratiquement n'importe laquelle, pourvu qu'elle pousse vite en développant une grande tige. Tu peux semer, par exemple, une graine de haricot, de blé ou de tournesol. Tu peux aussi partir d'une petite plante en godet, comme la menthe ou le basilic, à condition de ne laisser qu'une seule tige sur la plante.

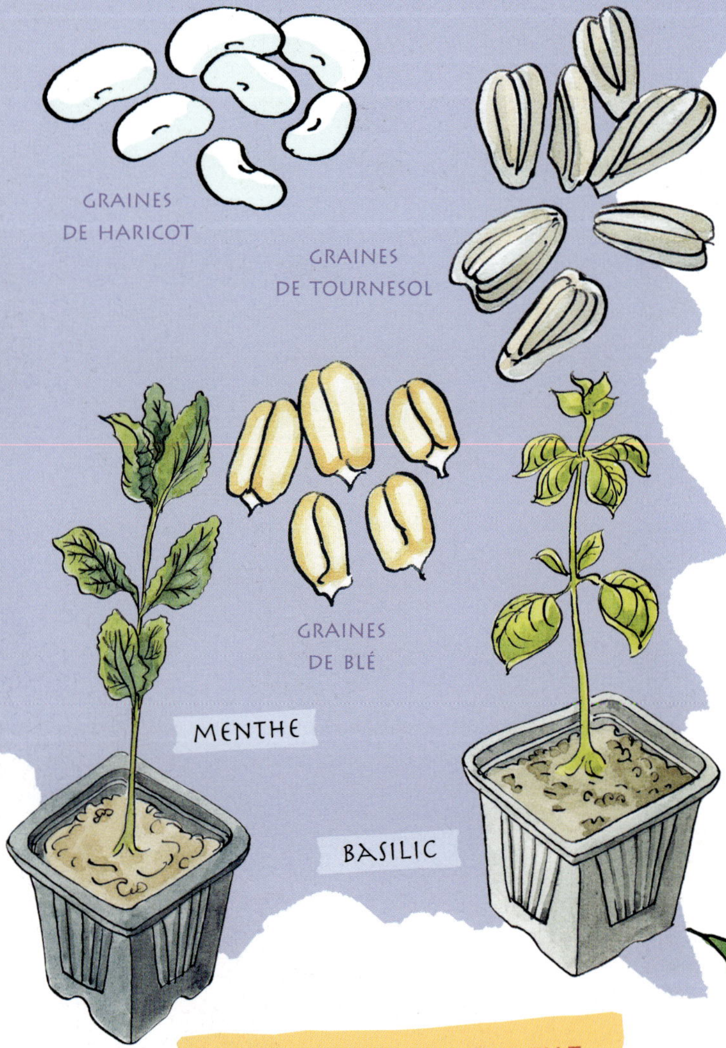


### INCLINAISON NATURELLE

Installe chez toi une plante verte en pleine croissance devant une fenêtre, sans la bouger pendant plusieurs jours. Toutes ses tiges vont peu à peu prendre la même direction, celle de la lumière naturelle qui vient de derrière la vitre…

BRICOLAGE

# UN LABYRINTHE DE LUMIÈRE

Avec une simple boîte à chaussures bricolée, crée un labyrinthe de lumière et fais faire « des pieds et des mains » à une tige de plante pour qu'elle arrive enfin au soleil…

## PLANTE PRISONNIÈRE

1

Découpe une ouverture au sommet de la boîte posée dans le sens de la hauteur. Découpe également une ouverture dans chacun des 2 cartons, à des endroits différents.

2

Fixe le premier carton dans la boîte, à 1/3 de la hauteur.

3

Pose en bas le pot contenant une graine ou une plante, arrose bien et ferme la boîte avec son couvercle.

*Ça y est, ta plante est prisonnière… ou presque. Il lui reste en fait une possibilité de sortie : l'ouverture tout là-haut, par où arrive la lumière…*

4

Quelques jours plus tard, la plante a grandi : elle a tordu sa tige pour pouvoir passer par le trou du premier carton. Il est temps d'installer le second, 1/3 plus haut. Referme la boîte et attends de nouveau…

5

La pousse va alors continuer son chemin, mais en changeant de direction, pour pouvoir passer par le trou du second carton. Toujours en filant vers la lumière…

*Dans quelque temps, ses prouesses finiront enfin par être récompensées : l'extrémité de la tige franchira l'ouverture du haut de la boîte.*

## COMMENT FAIT-ELLE ?

La pointe de la tige de la plante est une véritable machine à grandir : il s'y trouve de nombreuses cellules minuscules, prêtes à se multiplier et à grandir. Il y a aussi des substances, les hormones, qui aident ces cellules à grandir. Or ces hormones n'aiment pas la lumière, car elle les détruit. Résultat : le côté éclairé de la tige contient moins d'hormones, il pousse moins vite que le côté non éclairé. La tige, en grandissant, se courbe donc, guidée indirectement par la lumière.

ARTISTE EN HERBE

# TABLEAU VIVANT

Imagine une œuvre d'art qui varie
chaque jour un peu, changeant de forme,
de couleur et de volume, et qui en plus dégage
un délicieux parfum de fraîcheur...
En créant ce tableau végétal,
tu vas devenir artiste jardinier !

1

Coupe 4 branches droites en biseau pour pouvoir faire un cadre. Pose la grande pièce de tissu sur le contreplaqué en laissant dépasser de 10 cm sur 3 côtés. Replie le tissu sur lui-même pour qu'il ne dépasse plus.

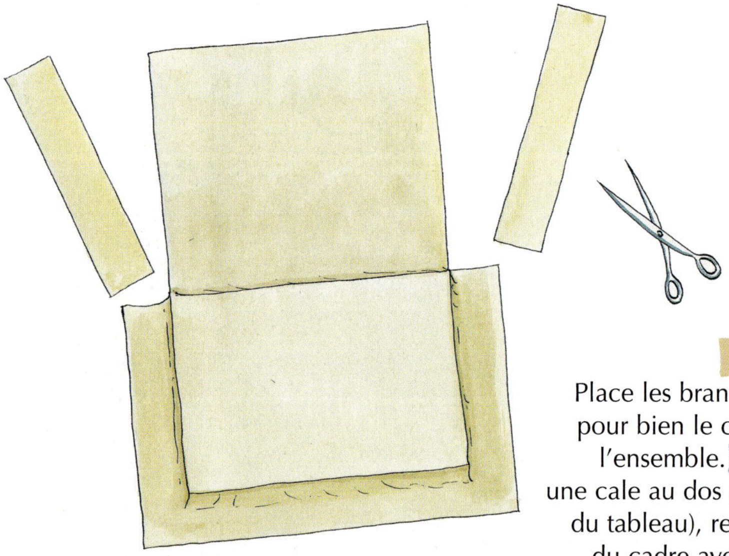


2

Place les branches sur le tissu pour bien le coincer et cloue l'ensemble. Colle ensuite une cale au dos (pour l'inclinaison du tableau), remplis l'intérieur du cadre avec une couche bien tassée de 3 cm de terreau...

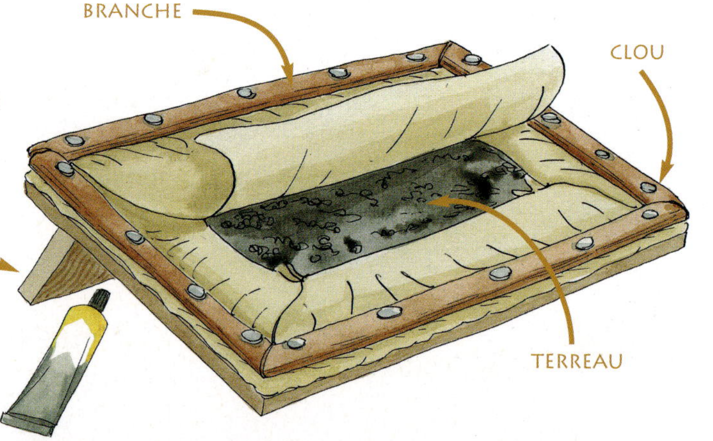

3

… et replie le tissu sur cette couche de terreau. Couds-le sur les 3 côtés, en veillant à ce qu'il soit bien tendu pour retenir la terre. Redresse ton tableau et incise plusieurs fois le tissu ( T à l'envers).

BOUTURES AU FEUILLAGE COLORÉ

4

Dans chaque incision, installe des boutures de lierres panachés, de misères de plusieurs couleurs, de menthe, de bégonia, de coléus… Tu peux ensuite coller des lichens, des écorces ou des feuilles pour décorer.

## CRÉATIONS AU NATUREL

Une simple pierre, des morceaux de bois, quelques brins d'herbe ou un fruit sauvage minuscule, tout peut devenir œuvre d'art dans la nature… Cela s'appelle le « land art ».

Pour créer dans la nature, pas besoin d'être un artiste. Il suffit juste d'observer, d'apprécier ce que la nature t'offre. Prends le temps de rassembler des petits éléments naturels, même modestes. Laisse monter l'envie de créer quelque chose de joli ou d'original, par simple assemblage de ces éléments selon ton goût et tes envies.

Chaque œuvre sera unique, par ce qu'elle représentera, bien sûr, mais aussi par son lieu et les matériaux qui la composent.

Mais attention, il y a tout de même une consigne importante dans ces vagabondages artistiques : tu dois respecter la nature et le lieu. Alors n'abîme rien. Et si tu veux ajouter un peu de couleur, prends des matériaux biodégradables : la craie, le charbon de bois, la gouache ou les ocres.

Entièrement naturelle, elle sera donc éphémère et ne durera que quelques jours. Ensuite, la nature reprendra ses droits… en t'offrant sans cesse de nouvelles idées de créations.

# LAPIN DE JARDIN

Ton lapin a passé tout l'hiver bien au chaud dans ta maison. Mais maintenant, il serait ravi de profiter lui aussi du printemps au jardin… Alors construis-lui une « maison » rien que pour lui.

## LE CLAPIER IDÉAL

Construite en hauteur sur « pilotis » (contre l'humidité), en bois et grillage, la maison de jardin de ton lapin (on l'appelle un « clapier ») est à installer dans un endroit à l'abri du dur soleil de midi.

1

Assemble ton clapier comme indiqué sur le dessin. Le toit doit être incliné pour permettre l'écoulement de l'eau quand il pleut.

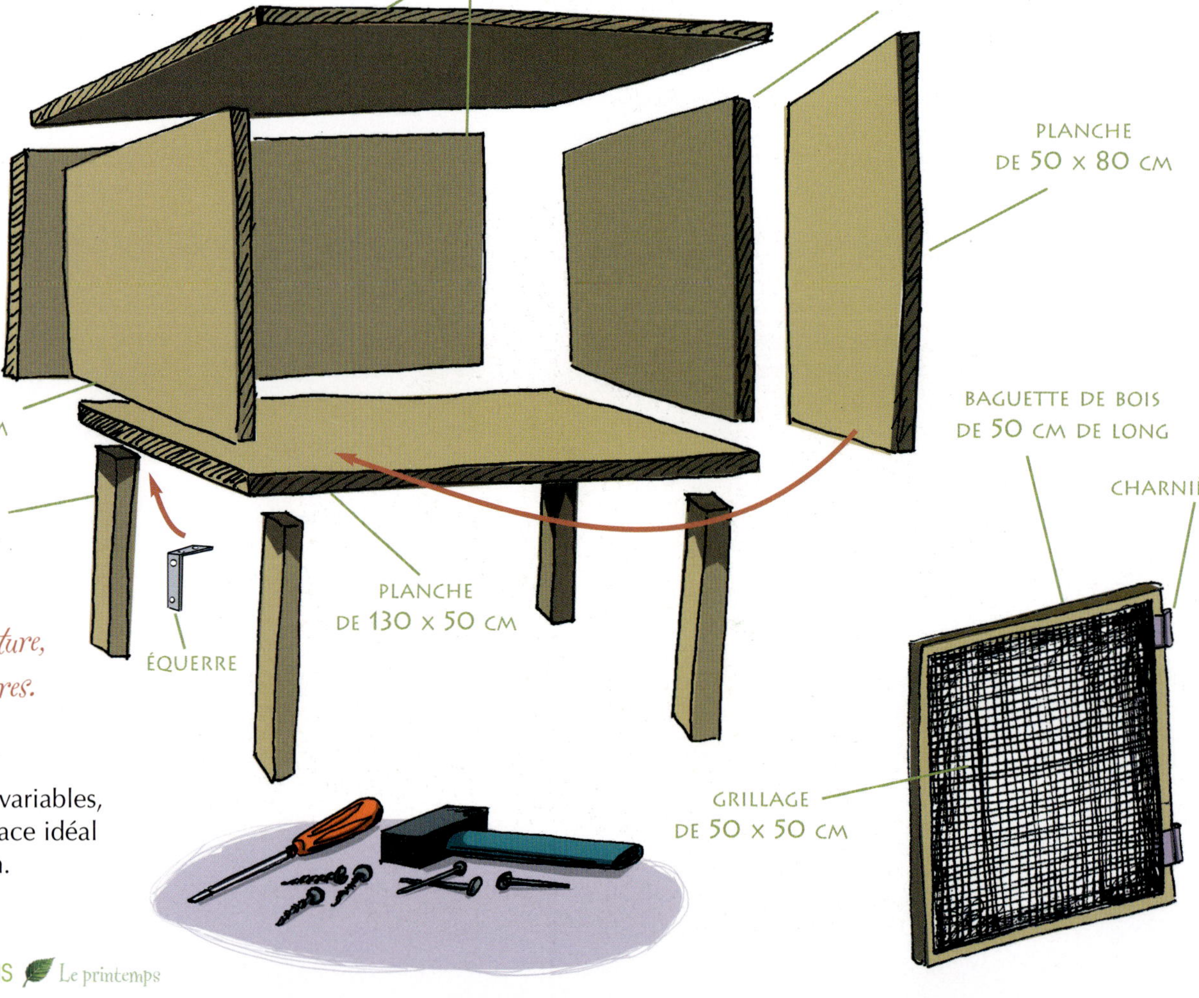


*Pour consolider la structure, renforce avec des équerres.*

2

Ses dimensions peuvent être variables, mais essaye d'atteindre l'espace idéal de 150 x 60 x 60 cm.

3

Essaye d'obtenir un intérieur aussi lisse que possible pour éviter que le lapin ne ronge les joints et les raccords…

## BALADES POUR TONDEUSE

Comment s'occuper de la pelouse qui repousse vite en ce moment, tout en surveillant que ton lapin n'aille pas grignoter les plants du jardin ? Simple : en créant un lapin-tondeuse !

1

Pense d'abord à la sécurité de ton copain lapin : prépare-lui une cage toute grillagée, faite d'un cadre en bois recouvert d'un fin grillage. Elle doit faire au minimum 1 m², la moitié du toit étant en grillage, l'autre moitié en bois (pour que ton compagnon ait toujours un peu d'ombre).

2

Et la pelouse, alors ? Si tu places au fond de la cage du grillage à mailles moyennes, cela permettra à ton lapin de grignoter l'herbe haute. Il te suffira alors de les déplacer, lui et sa cage, dès qu'un carré aura été bien tondu !

4

Il doit y avoir un espace abrité des regards, un peu sombre. C'est important parce que dans la nature, quand les lapins veulent être au calme ou se cacher en cas de menace, ils se réfugient sous terre dans leur terrier…

## LAPIN TOUJOURS AU PROPRE

L'urine de lapin dégage une odeur très forte et désagréable… Alors :

- Nettoie bien la cage tous les 2 jours ;
- Place un petit bac à litière dans un coin du clapier et vide-le tous les jours ;
- Utilise de la litière pour chats ;
- Une fois par mois, nettoie le fond du clapier à l'eau savonneuse ; rince et sèche bien ;
- Place également de la paille sèche et propre dans le coin où il dormira.

# LES PLANTES ANTIBOBOS

PLANTES UTILES

Il existe de nombreux médicaments efficaces pour se soigner. Mais pour un petit bobo, le jardin fourmille de ressources pour te soulager...

## LE SOUCI ANTIPIQÛRE

Les pharmaciens vendent des pommades à base de souci sous le nom de « crème au calendula ». Si tu te fais piquer par une guêpe, va donc vite au jardin chercher une fleur de souci. Presse-la entre tes doigts et applique-la sur la piqûre. Maintiens-la avec un pansement, la douleur va s'apaiser.

*À planter (en godets) au soleil.*

## LA CHÉLIDOINE ANTIVERRUES

Cette plante sauvage aux fleurs jaunes pousse le long des vieux murs. Lorsque tu casses sa tige, il apparaît un « lait » jaunâtre. Appliqué régulièrement sur les verrues, ce latex les fait disparaître. Attention cependant de ne pas en mettre ailleurs sur ta peau : il est irritant...

*À trouver le long des haies et des murs.*

### PHARMACIE NATURELLE

Beaucoup des médicaments que l'on trouve dans les pharmacies sont encore d'origine végétale. En effet, de nombreuses plantes contiennent des éléments qui peuvent soigner, appelés « principes actifs ». Ces substances sont souvent difficiles à extraire, c'est le travail des laboratoires, qui les incorporent ensuite à d'autres produits pour fabriquer des médicaments. Parfois, cependant, ces principes actifs sont accessibles très simplement, en pressant une feuille ou un bourgeon. Attention toutefois : si tu es malade, les plantes de ton jardin ne remplaceront jamais le médecin !

## LA PATATE ANTIFEU

Pour soulager une brûlure légère, rien de tel qu'une pomme de terre crue. Pèle-la et frotte-la sur la brûlure, c'est radical : l'amidon contenu dans le tubercule agit rapidement et calme la douleur. Tu peux soigner de la même façon engelures et gerçures.

*À récolter au jardin de juin à octobre… ou dans la cuisine !*

## LA SAUGE ANTITARTRE

SI TU AS TENDANCE À AVOIR DU TARTRE SUR LES DENTS, MÂCHE CHAQUE JOUR UNE FEUILLE DE SAUGE OFFICINALE. CE SIMPLE GESTE, EN PLUS D'UN BROSSAGE QUOTIDIEN, TE DONNERA UNE DENTITION PARFAITE !

À RÉCOLTER TOUTE L'ANNÉE AU JARDIN AROMATIQUE.

## LE SUREAU ANTISAIGNEMENT

Rien de plus désagréable que les saignements de nez… Heureusement, le sureau te sera d'un grand secours : prends-en une feuille pressée et roulée sur elle-même, puis introduis-la dans ta narine. Le saignement s'arrêtera très vite, car le sureau contient des coagulants naturels.

*À récolter d'avril à octobre.*

## LE CHOU ANTIMIGRAINE

Si, un soir, tu rentres de l'école avec le mal de tête, un bon remède pour te soulager, c'est la compresse de feuilles de chou ! Récolte au jardin une grande feuille de chou vert, écrase-la au rouleau à pâtisserie pour en briser les fibres et applique-la sur ton front, c'est tout.

*À récolter au jardin d'octobre à février… ou dans la cuisine !*

JARDINS SPÉCIAUX

# TON JARDIN LABYRINTHE

Un labyrinthe végétal au jardin ? Pas fou, non ? Ça coûte cher, il faut très longtemps pour le faire pousser, et ça prend toute la place ! Pas si sûr : sur 20 m², avec 1 ou 2 kilos de grains de maïs, tu vas pouvoir en faire pousser un en moins de 4 mois !

1

## UN PLAN PRÉCIS

Après avoir relevé les limites de ton terrain, reporte-les sur une grande feuille de papier et trace le plan précis de ton futur labyrinthe.

*Sur le papier…*

*Prévois des impasses, des giratoires… Un seul chemin doit permettre de le traverser.*

3

## LA MISE EN PLACE

À l'aide de piquets et de cordes, reporte sur le terrain le tracé précis de ton plan. Les allées de maïs feront 40 cm de large environ, et une largeur identique pour les rangs de maïs.

2

## UNE TERRE LÉGÈRE

Commence par bien préparer ton terrain, en le retournant à la bêche ou au motoculteur. C'est indispensable pour que ton maïs, qui aime une terre légère et bien travaillée, pousse rapidement.

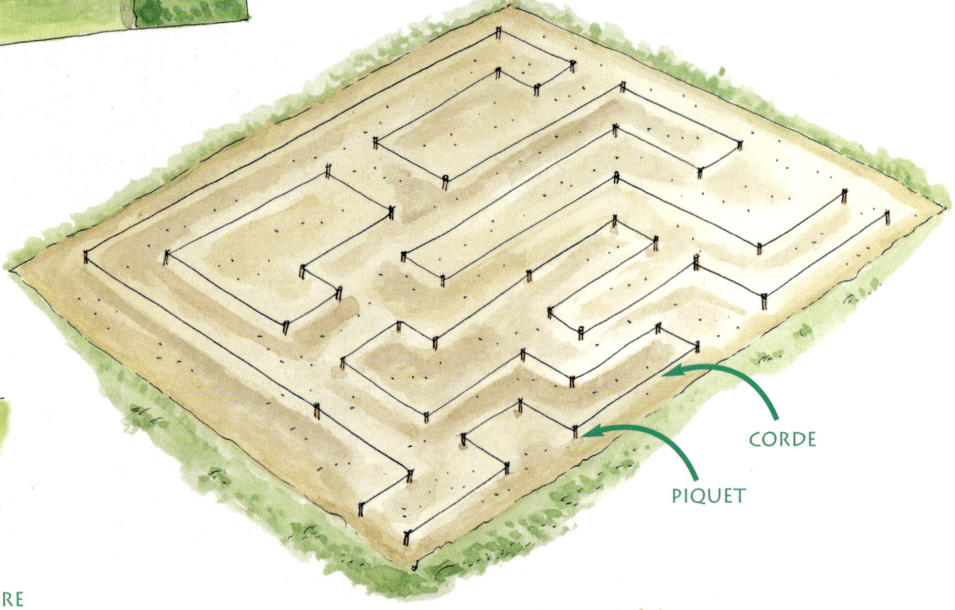


*… et en réalité*

4

## LE SEMIS

À partir de la mi-mai (et le plus tôt possible), sème 3 rangs de maïs : 1 rang le long du cordeau, les autres de chaque côté, en décalage, de façon à ce que ta culture, une fois en place, forme un épais rideau, impossible à franchir. Les tricheurs n'auront qu'à bien se tenir !

*Surtout, n'oublie pas d'arroser s'il fait sec, car le maïs a autant besoin d'eau que de chaleur.*

5

## ENFIN LE JEU

Au bout de 2 ou 3 mois, c'est le moment d'inviter tes amis à une labyrinthe partie… Tu peux imaginer des cadeaux pour ceux qui trouvent la sortie les premiers, des gages pour ceux qui se perdent… Tu es le maître du jeu, à toi d'imaginer les règles de ton labyrinthe !

### L'ENTRETIEN

S'IL SE FORME DES « TROUS » DANS TES RANGS DE MAÏS PARCE QUE CERTAINS NE POUSSENT PAS BIEN, SÈME SANS ATTENDRE DE NOUVEAUX GRAINS, ILS RATTRAPERONT VITE LEUR RETARD.

### ÉPREUVES ET PLAISIRS

DEPUIS DES MILLÉNAIRES, PETITS ET GRANDS ADORENT SE PERDRE DANS LES LABYRINTHES. LES PREMIERS DATENT DE L'ANTIQUITÉ : ILS S'Y DÉROULAIENT DES ÉPREUVES PLEINES DE DANGERS POUR LES HÉROS MYTHOLOGIQUES… À L'ÉPOQUE DE LA RENAISSANCE, APPARAISSENT LES LABYRINTHES VÉGÉTAUX, POUR DISTRAIRE LES INVITÉS. LES AMOUREUX S'Y LIVRAIENT AUSSI À DES COURSES-POURSUITES GALANTES…

PROTECTION

# LA PLUS PETITE RÉSERVE NATURELLE

Même en pleine ville, sur un simple balcon, il est possible de créer un espace riche en flore et en faune. Il te suffit pour cela de réaliser de multiples aménagements.

## Et puis aussi…

Tu peux également installer sur ton balcon :

- des touffes de laine, de foin et de plume pour aider les hirondelles à faire leur nid ;
- un nichoir pour les hirondelles ;
- un nichoir pour les mésanges ou les rouges-queues.

# L'ÉTÉ

*Dans la chaleur des longues journées d'été, la nature semble s'être assoupie. Mais en fait, tout le petit monde sauvage fait discrètement le plein d'énergie. Pour toi aussi, l'été promet bien des découvertes pleines de soleil !*

# JARDIN DE JUILLET

TRAVAUX DE SAISON

## UN JARDIN AQUATIQUE DE BALCON

*Tu n'as pas de jardin, mais tu rêves pourtant d'accueillir plantes et petites bêtes aquatiques ? La solution existe : crée un minibassin sur ton balcon.*

1

Choisis un grand récipient étanche de 40 à 80 cm de diamètre et d'au moins 40 cm de hauteur (un pot, une bassine… Un demi-tonneau sera encore plus beau !).

2

Place au fond une couche de terre légère de 20 à 30 cm (surtout, pas de terre argileuse), enrichis-la avec un engrais à libération progressive (vendu en jardinerie). Installe ensuite les plantes aquatiques en les laissant dans leur motte, puis complète avec de l'eau de pluie ou de source (évite l'eau du robinet, trop chargée en chlore).

L'entretien est ensuite facile : complète régulièrement le niveau d'eau, élimine les feuilles jaunes. Dans quelque temps, ton minibassin attirera certainement des libellules, des abeilles assoiffées, des dytiques… comme une vraie mare sauvage !

QUELQUES PLANTES À CHOISIR EN JARDINERIE, QUI CONVIENNENT BIEN AUX PETITS BASSINS : NÉNUPHAR MINIATURE, POPULAGE, JONC FLEURI, SAGITTAIRE, PLANTAIN D'EAU, PONTÉDÉRIE…

Vive les vacances d'été au jardin ! Du temps libre, du soleil, quelques orages pas trop violents… C'est le moment idéal pour faire les « rattrapages » de tout ce que tu n'as pas eu le temps de faire au printemps. En plus, ton jardin commence à être très généreux. Ses fleurs et ses légumes n'attendent que tes bras pour être ramassés à foison…

## À FAIRE AUSSI EN JUILLET…

POMMES DE TERRE EN FLEUR

- Début juillet, faire du sirop de menthe.
- Arroser le soir pendant les fortes chaleurs.
- Sarcler les légumes (un binage vaut 2 arrosages !).
- Mi-juillet, semer des radis d'hiver et planter les poireaux.
- Laisser fleurir quelques légumes.
- Fin juillet, semer des plantes bisannuelles et vivaces pour avoir beaucoup de fleurs l'année suivante.

## UN JARDIN SUSPENDU

*Magique ! À quelques mètres au-dessus du sol, au coin de ta fenêtre, des grappes de fleurs se balancent tranquillement, juste posées dans un panier à salade… À toi de jouer pour obtenir ce petit prodige.*

Pétunia

1 Récupère un vieux panier à salade et tapisse-le de mousse : elle servira de réserve d'eau pour tes plantes.

2 Au fond de ce panier, dépose une petite soucoupe, qui empêchera l'eau de s'écouler trop vite. Remplis-le ensuite de bonne terre avec un peu d'engrais et installe tes plantes en mélangeant des variétés retombantes à d'autres bien érigées (2 ou 3 par panier, pas plus).

*Au choix : géraniums, lobelias, fuchsias, pétunias, capucines ou, pourquoi pas, fraisiers et tomates-cerises…*

3 Il ne te reste qu'à accrocher solidement ta création. Pas trop haut, pour éviter d'avoir à faire des acrobaties à chaque arrosage…

## DES POMMES À TON NOM

*Ça y est, les pommes (et les poires) de tes arbres fruitiers ont atteint leur taille définitive. Elles sont encore vertes, mais elles ne vont pas tarder à prendre de belles couleurs. C'est le moment d'y « tatouer » tes initiales ou un petit dessin.*

Pommes

1 Dans du papier collant opaque, découpe des lettres ou la forme de ton choix.

2 Colle ces morceaux bien à plat sur une pomme orientée vers le soleil… et attends.

3 La peau de la pomme va se dorer lentement, sauf sous les parties cachées. Et en septembre, quand tu cueilleras le fruit et que tu enlèveras le papier collant, les lettres ou le dessin seront inscrits directement sur la pomme. Magique, non ?

# TON JARDIN MUSICAL

JARDINS SPÉCIAUX

Des membranes, des tubes creux, des cavités... Observe bien les plantes : certaines t'offrent tout ce qu'il faut pour fabriquer des petits instruments sonores ! Voici de quoi réaliser un véritable concert de musique verte...

## CARDÈRE CRÉCELLE

NE COUPE PAS LES GRANDES TIGES DE CARDÈRES APRÈS LEUR FLORAISON : ELLES VONT SÉCHER ET DEVENIR SUFFISAMMENT RIGIDES POUR TE PERMETTRE DE FABRIQUER UNE « BOÎTE À RYTHME ».

1

Coupe une tige à 3 branches (tu peux en trouver dans la nature entre août et avril), enlève les épines.

2

Sur la tige centrale (taillée plus court que les 2 latérales), fixe, avec un clou, une petite baguette percée en son centre.

3

Fais tourner vivement le manche de ton instrument, alternativement vers la gauche et vers la droite et... clic-clac, clic-clac, clic-clac !

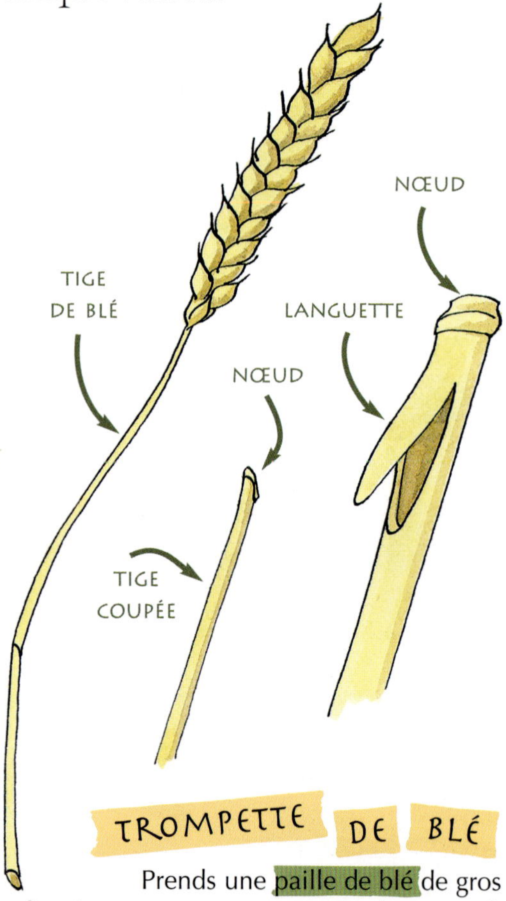


## TROMPETTE DE BLÉ

Prends une paille de blé de gros diamètre, avec une coupe près d'un nœud. Fais une incision en biais du côté du nœud pour obtenir une languette. Souffle fort, le nœud et la languette rentrés dans ta bouche. Ça va couiner !

## ORGE SIFFLANTE

Tends une longue herbe tendre d'orge (ou de blé) entre tes pouces et tes paumes. Souffle fort sur son profil, dans l'espace ainsi formé entre tes mains. Ça vibre fort !

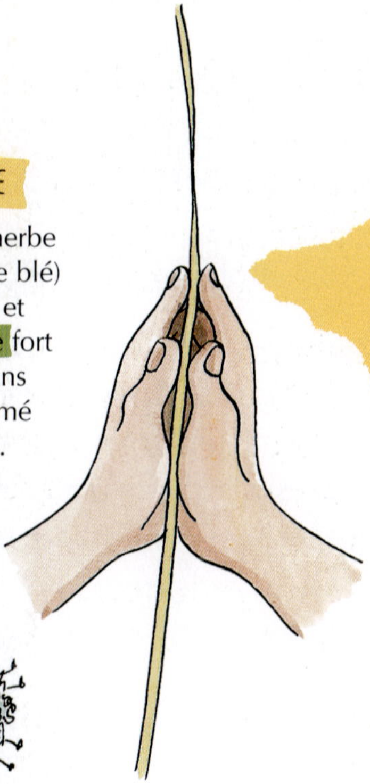

## FLÛTE DE CAROTTES

PRENDS 3 CAROTTES, UNE PETITE, UNE MOYENNE, UNE GRANDE.

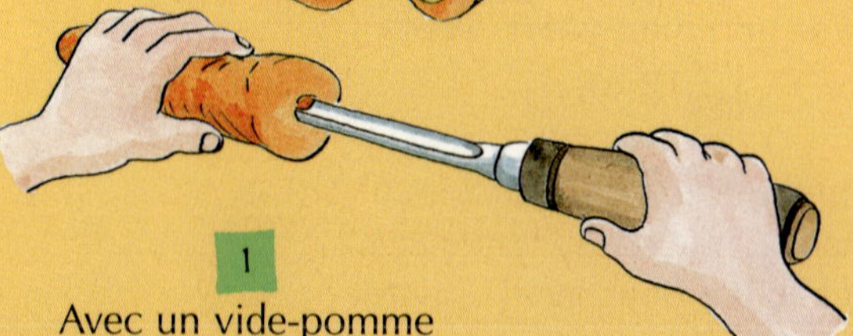

1

Avec un vide-pomme (ou une gouge de menuisier très fine), creuse dans chacune des cavités de profondeurs différentes : la première de 8 cm environ (pour les sons graves), la deuxième de 7 cm (pour les médiums) et la troisième de 6 cm (pour les aigus).

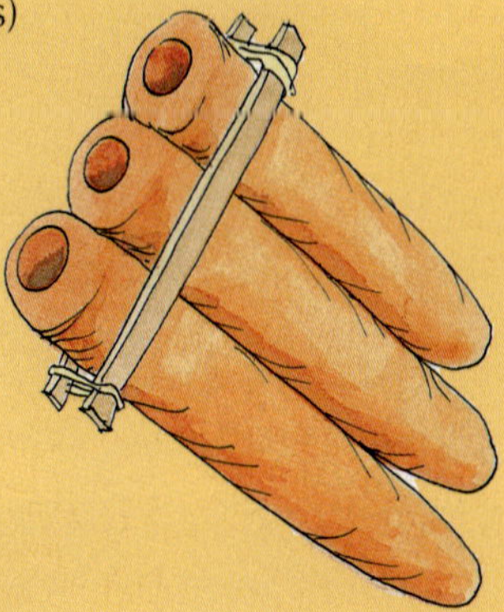

2

Attache tes 3 carottes ensemble avec 2 morceaux de bois et de la ficelle.

3

Souffle dedans comme si tu soufflais dans un bouchon de stylo ou une bouteille vide. Te voilà avec une vraie flûte de Pan... que tu peux grignoter si tu as un petit creux !

## OIGNON MIRLITON

Laisse un oignon monter en graines, pour avoir, en plus d'une grosse fleur ronde, une belle tige creuse avec un renflement. Coupe la tige au niveau de ce renflement et enlève un petit carré de « peau » sans percer la mince pellicule qui recouvre l'intérieur de la paroi. Souffle par l'extrémité supérieure. Ça va vibrer !

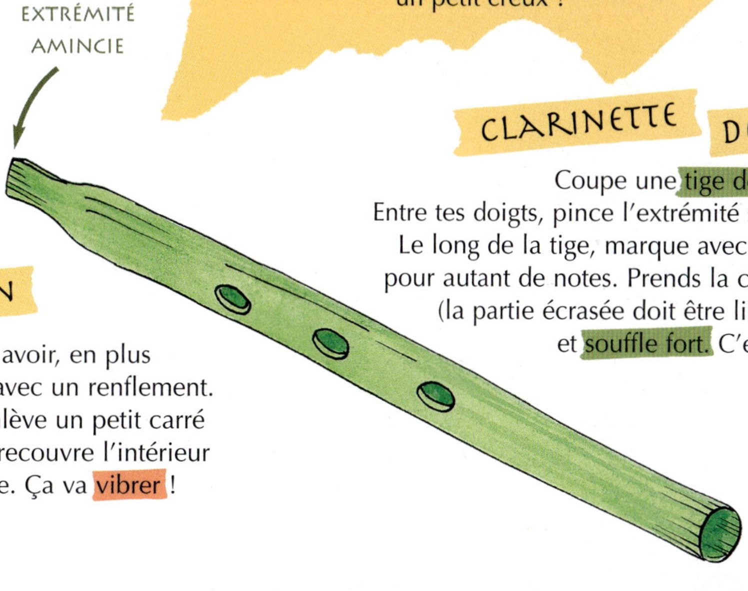


## CLARINETTE DE COURGE

Coupe une tige de courge. Entre tes doigts, pince l'extrémité supérieure pour l'amincir. Le long de la tige, marque avec tes ongles 2 ou 3 trous pour autant de notes. Prends la clarinette bien en bouche (la partie écrasée doit être libre dans la bouche) et souffle fort. C'est parti !

# FAIS CHANTER LE VENT

BRICOLAGE

Une brise légère se lève dans ton jardin. Chouette, les cloches et les carillons que tu y as installés vont se mettre à tinter ! Écoute : le vent t'offre un concert gratuit avec les instruments que tu lui as fournis...

## LA CLOCHE POT DE FLEURS

1

Noue un petit bâton à une cordelette et passe-la par le trou d'un pot de fleurs.

2

« Enferme » une petite pierre dans un fil de fer et accroche le tout à la cordelette, en réglant la hauteur pour que la pierre puisse heurter le bord du pot.

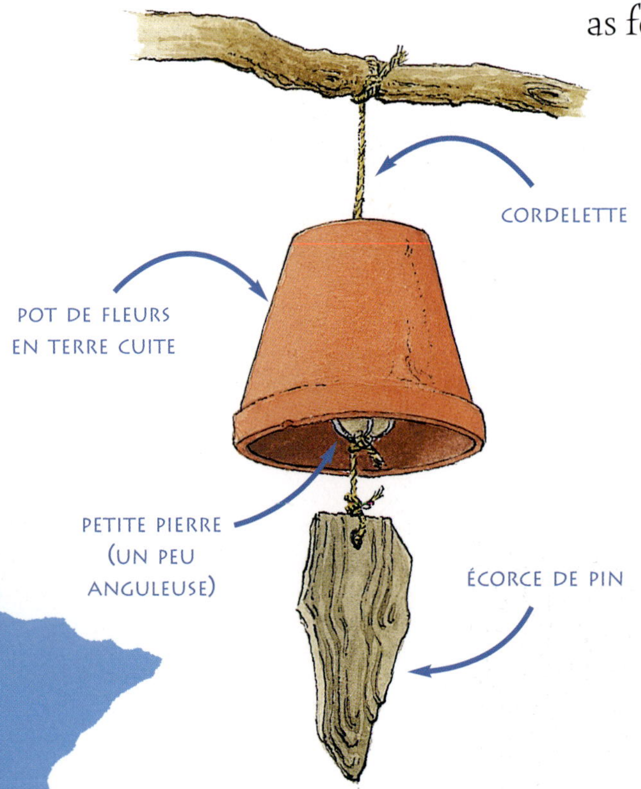


3

Noue l'extrémité de la cordelette à une écorce de pin. Celle-ci, en se balançant au gré du vent, va faire tinter la pierre sur le pot.

*Plus le pot est petit, plus le son est aigu.*

AVEC DES POTS DE TAILLES DIFFÉRENTES, TU OBTIENDRAS AUTANT DE SONS SINGULIERS. POUR COMPOSER UNE MÉLODIE, TU PEUX LES SUSPENDRE LES UNS À CÔTÉ DES AUTRES.

## LE CARILLON BAMBOU

1

Perce un trou au centre d'une « tranche » de bois de 15 cm de diamètre et 4 autres sur les bords. Passe une cordelette dans chacun.

2

Coupe 4 tronçons de bambou en gardant un nœud à une extrémité. Perce-les et noue les 4 cordelettes dans ces trous.

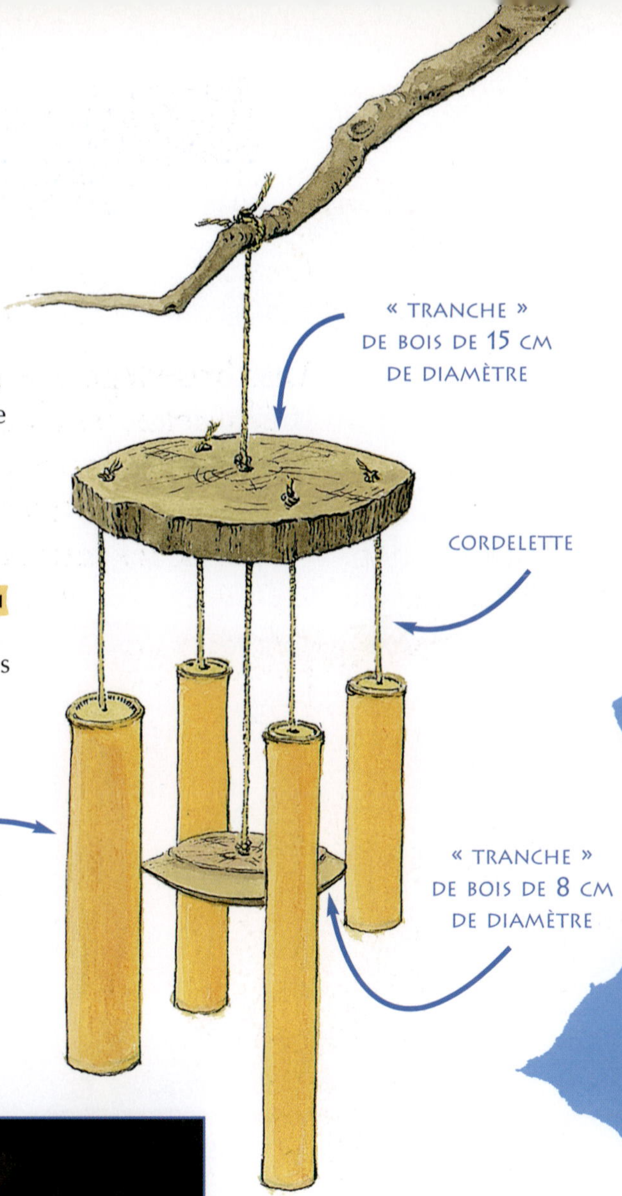


3

Perce le milieu d'une « tranche » de bois de 8 cm de diamètre et accroche-la à la grande par la cordelette : elle doit arriver au milieu des bambous ; elle les fera ainsi tinter quand ils se balanceront contre elle avec le vent.

### COUPE DU CARILLON

*Tu peux aussi imiter les carillons métalliques vendus dans le commerce, en récupérant des petits tuyaux de plomberie, mais il te faudra l'aide d'un adulte pour couper les tubes à la scie à métaux et pour les percer.*

VARIE LA LONGUEUR ET LE DIAMÈTRE DES BAMBOUS POUR DIVERSIFIER LES SONS. PLUS LE BAMBOU EST GROS, PLUS LE SON EST GRAVE.

ANIMAUX DOMESTIQUES

# TON PARCOURS D'AGILITY

Ce n'est pas toi qui sautes, c'est ton chien !
L'agility-dog est un sport canin
qui te permet de jouer avec ton chien
tout en l'éduquant.
À pratiquer dans ton jardin.

### DICO

« Agility » est un mot anglais qui signifie « agilité ». En effet, ton chien doit être agile s'il veut sauter une haie ou passer dans un tunnel.

### QU'EST-CE QUE L'AGILITY ?

L'agility se pratique sur un parcours d'obstacles. Le maître guide son chien et l'encourage tout au long du parcours. Tous les deux forment une équipe. Idéal pour vous dépenser tous les deux !

## PARCOURS DE SLALOM

*Droite, gauche, ton chien passe en souplesse entre les piquets.*

Peins 2 piquets et 2 bouteilles en rouge
puis 2 piquets et 2 bouteilles en jaune.
Coupe le haut des bouteilles.
Pose chaque piquet dans une bouteille
que tu rempliras de gravier pour la lester.
Aligne ces obstacles dans ton jardin.

*Ton chien doit s'enfiler dans ce tunnel obscur sans hésiter et ressortir à l'autre bout.*

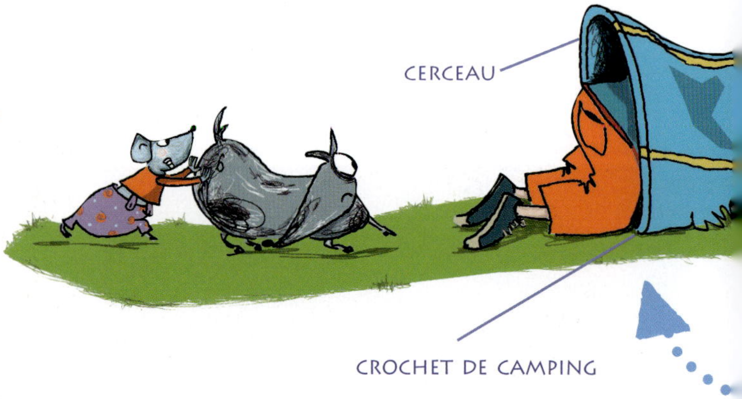


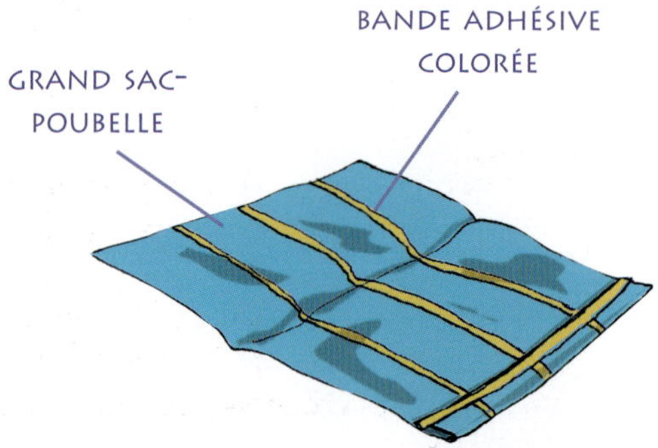

## PLANCHE À BASCULE

*Allez, on avance !*
*Et tout à coup, aaaaah ! Ça bascule…*

Peins la planche en jaune et les tranches en rouge. Pour le fun, rajoute les traces des pattes de ton chien en les peignant en rouge. Empile des rondins pour former une pyramide. Pose ta planche en équilibre dessus.

*Ton chien doit parcourir cette planche d'un bout à l'autre sans reculer !*

## HAIES DE SAUT EN LONGUEUR

*Discipline olympique, c'est aussi une épreuve de concours canin !*

Coupe le haut des bouteilles. Peins les bouteilles en rouge et les bâtons en jaune. Remplis le fond des bouteilles avec du gravier pour les stabiliser. Pose les bâtons en équilibre sur les bouteilles et espace tes obstacles de plus en plus.

*Hop ! Ton chien doit sauter d'un bond sans faire tomber les bâtons.*

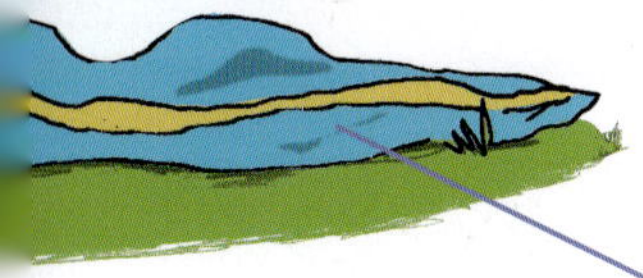


## TUNNEL

*Il fait plutôt noir là-dedans…*
*Mais encourage ton chien, et le voilà disparu !*

Découpe 4 sacs-poubelle sur leurs 2 longueurs et déplie-les. Rassemble les 4 sacs en les collant dans la longueur. Fais un repli de 10 cm au bord. Déboîte ton cerceau pour l'ouvrir, enfile-le dans le repli et referme-le. Fixe ton tunnel en terre avec des crochets pour qu'il tienne debout.

### L'ENTRAÎNEMENT

LE MIEUX EST DE S'ENTRAÎNER 2 FOIS PAR SEMAINE. POUR COMMENCER, APPRENDS À TON CHIEN LES ORDRES COMME « ASSIS », « COUCHÉ », « MARCHER AU PIED »… PUIS TON CHIEN SAUTERA UNE HAIE, FERA DU SLALOM, TRAVERSERA UN TUNNEL… PARFOIS, IL RESTERA PLANTÉ AU MILIEU DU TUNNEL SANS VOULOIR BOUGER. QU'IL OBÉISSE OU NON, TU VAS BIEN RIRE !

## Fais le mur pour les lézards

Dans nos villes, les lézards des murailles ont de plus en plus de mal à trouver un refuge pour passer les 4 saisons près de nous. À moins que tu ne décides de les inviter dans ton jardin, en construisant un muret de pierres spécialement pour eux.

1

Dans un lieu bien orienté au sud, creuse un trou de 20 ou 30 cm à l'emplacement de ton futur muret. Verses-y du sable fin mélangé avec du foin ou des feuilles mortes jusqu'à environ 5 ou 10 cm de la surface du sol.

2

Place ensuite les plus grosses pierres que tu as récupérées sur le sable. Chaque niveau doit être bien plat pour accueillir le suivant. Empile-les jusqu'à une hauteur de 60 cm, en créant de nombreux interstices.

3

N'oublie pas de faire des petits talus de sable bien exposés au soleil à côté du mur (ou à son pied). Les mamans lézards pourront venir y pondre leurs œufs.

Enquête nature

# Des murs vivants !

Des murs, ce n'est pas ce qui manque en ville. Et quand arrive la belle saison, certains deviennent de véritables petits trésors naturels… à découvrir.

## Diversité biologique

Par une belle journée de printemps, pars découvrir la richesse écologique d'un mur de ton quartier. Sur une longueur de 5 m, tu vas recenser toutes ses caractéristiques, et surtout, toute la flore et la petite faune qu'il peut héberger. Tu pourras ainsi lui donner une « note » de diversité biologique.

| | Oui | Non |
|---|---|---|
| Ce mur possède de nombreuses anfractuosités. | | |
| Il est garni de terre à son sommet. | | |
| Des plantes poussent dans sa partie haute. | | |
| Des plantes poussent à sa base. | | |
| On peut y voir au moins un nid d'oiseau ou un abri de mammifère. | | |
| Il y a au moins 5 espèces différentes de plantes vertes. | | |
| Il y a au moins 4 espèces de mousses ou de lichens. | | |
| Il y a au moins 2 espèces de mollusques (escargots). | | |
| Il y a au moins 8 espèces d'insectes ou d'araignées. | | |
| Il y a au moins un reptile (lézard) ou un batracien (crapaud). | | |

*Nombre de oui : .....* *Nombre de non : .....*

Ce mur a ..... /10 de diversité biologique (nombre de oui).

# PLANTES MURALES

CHOISIS BIEN : CERTAINS MURS, CRÉPIS ET LISSES, SONT D'UNE PAUVRETÉ BIOLOGIQUE TOTALE... D'AUTRES, CREVASSÉS ET VERDOYANTS, SONT DE VRAIS PETITS PARADIS NATURELS.

LA LINAIRE

La linaire cymbalaire pousse à l'envers ! Ses tiges se replient vers le mur pour que ses graines s'y implantent.

LE NOMBRIL DE VÉNUS

Le nombril-de-Vénus a des feuilles qui ressemblent... à des nombrils !

LA MOUSSE

La mousse peut résister de longues semaines sans une goutte d'eau.

LE LIERRE

Le lierre, avec son feuillage permanent, offre à de multiples petits oiseaux des abris pour nicher.

LE CAPILLAIRE

Le capillaire est une petite fougère dont les feuilles restent vertes tout l'hiver.

PLANTES UTILES

# PLANTES POUR PARESSEUX

Bêcher, biner, tailler, désherber ne sont pas des activités faciles... Mais pourquoi se fatiguer quand on peut éviter des corvées inutiles ? Certaines plantes peuvent te permettre d'avoir un jardin superbe, tout en en faisant le moins possible !

LA TULIPE

LES VIVACES TE PERMETTRONT DE FLEURIR TON JARDIN DURANT TOUTE L'ANNÉE AVEC UN MINIMUM DE TRAVAIL.

## DES VIVACES EFFICACES

Parmi ces plantes qui restent en place pendant de nombreuses années, tu trouveras des bulbes pour la fin de l'hiver (tulipe, jonquille, muscari…), des plantes buissonnantes pour le printemps (forsythia, romarin…), d'autres pour l'été ou l'automne (sauge, aster, reine-marguerite, buddleia, althaea…), d'autres encore pour le plein hiver (hellébore...).

AVANT DE FAIRE TES SEMIS, INTERROGE TES VOISINS POUR SAVOIR QUELLES PLANTES ANNUELLES ONT LE PLUS DE CHANCES DE SE RÉINSTALLER TOUTES SEULES CHEZ TOI.

## DES PLANTES QUI SE RESSÈMENT

Parmi ces merveilleuses annuelles qui se ressèment toutes seules d'une année à l'autre, il y a l'amarante, le coquelicot, le souci, le lin, la belle-de-nuit, le myosotis… Selon ta région, ton sol et ton climat, certaines plantes se réinstalleront mieux que d'autres.

L'AMARANTE

## DES PLANTES COUVRE-SOL

Tu as un jardin en pente difficile à entretenir car tu dois tout faire à la main ? Pour le rendre agréable sans peiner, rien de plus simple : il te suffit d'installer des plantes « couvre-sol » décoratives, comme le lierre rampant ou le millepertuis. Ces vivaces vont vite étouffer les autres végétaux indésirables.

LE MILLEPERTUIS

L'IMMORTELLE

L'AVANTAGE DES IMMORTELLES EST QUE TU PEUX EN FAIRE DES BOUQUETS SECS QUI SE CONSERVENT TRÈS LONGTEMPS.

## DES PLANTES SOBRES

De nombreuses plantes aromatiques rustiques et vivaces, ainsi que, d'une façon générale, toutes les plantes de rocailles, dispensent de la « corvée d'arrosage ». Autres plantes résistant à la sécheresse : l'achillée, l'amarante, l'armoise, la capucine, le cosmos, le glaïeul, l'immortelle…

### LÉGUMES PERPÉTUELS

CHEZ LES LÉGUMES AUSSI, IL EXISTE DES PLANTES POUR « FAINÉANTS », QUE L'ON N'A PAS BESOIN DE RECULTIVER CHAQUE ANNÉE !

- L'OIGNON ROCAMBOLE PRODUIT DES PETITES BULBILLES À LA PLACE DES FLEURS. LORSQU'ELLES TOMBENT À TERRE, ELLES SE RESSÈMENT SANS RIEN DEMANDER À PERSONNE.
- POUR LE POIREAU PERPÉTUEL, C'EST ENCORE PLUS SIMPLE : IL SUFFIT DE LE COUPER À RAS DU SOL, SANS LE DÉRACINER, POUR QU'IL REFASSE DE NOUVELLES FEUILLES TOUT AUSSI TENDRES L'ANNÉE SUIVANTE.
- C'EST AUSSI LE CAS DE L'OSEILLE, OU DE CERTAINS CHOUX DONT ON NE RÉCOLTE QUE LES FEUILLES.
- D'AUTRES LÉGUMES ONT UNE DURÉE DE VIE IMPORTANTE : L'ARTICHAUT PRODUIT PENDANT 7 OU 8 ANS ET LES ASPERGES DE 12 À 15 ANS.

# SALADE DE FLEURS

CUISINE SAUVAGE

Elles sont belles, les fleurs du jardin,
et quels beaux bouquets elles font.
Mais en plus, certaines... se mangent !
De quoi faire de délicieuses salades,
surprenantes et colorées.

**INGRÉDIENTS**

- 1 LAITUE
- 4 FLEURS DE SOUCI, AUTANT DE POIS DE SENTEUR, DE CAPUCINE, DE COURGETTE, DE COQUELICOT
- 4 GRAPPES DE SAUGE
- 100 G DE PETITS DÉS DE FROMAGE DOUX
- 1 POIGNÉE DE RAISINS SECS
- DU VINAIGRE (DE CIDRE)
- DE L'HUILE (D'OLIVE)
- DU SEL FIN

1

Lave ta laitue, enlève les feuilles abîmées et égoutte-la.

2

Lave aussi les fleurs et égoutte-les délicatement sur du papier absorbant pour ne pas les froisser.

**D'AUTRES FLEURS COMESTIBLES**

ALTHŒA, BÉGONIA, COSMOS, MAUVE, BOURRACHE, CHOU, MENTHE, PISSENLIT...

## PRUDENCE !

TOUTES LES PLANTES NE SONT PAS COMESTIBLES... DANS LE JARDIN, IL Y A AUSSI BEAUCOUP DE PLANTES TOXIQUES, COMME LES FEUILLES DE LA POMME DE TERRE OU DE LA TOMATE, MAIS AUSSI LES FEUILLES ET LES FLEURS DE L'ACONIT, DE L'ANÉMONE, DE L'ARUM, DE LA DIGITALE, DU PIED-D'ALOUETTE, DU RICIN... NE CONSOMME DONC QUE LES FLEURS QUE L'ON TE CONSEILLE ET TU N'AURAS JAMAIS DE MAUVAISE SURPRISE.

3

Pour les très grosses fleurs comme le souci, ne garde que les pétales.

Les moyennes comme la capucine, le coquelicot, la courgette, sont hachées, tandis que les plus petites, comme la sauge, sont gardées entières mais séparées des tiges et pédoncules (souvent amers et durs).

## CONSEILS CULINAIRES

POUR CONNAÎTRE LA SAVEUR D'UNE FLEUR, CROQUES-EN UN PETIT BOUT À LA RÉCOLTE. CELA T'AIDERA POUR INVENTER DES ASSOCIATIONS CULINAIRES : LES SAVEURS PIQUANTES LÉGÈREMENT AMÈRES ACCOMPAGNENT BIEN DES PLATS SALÉS ; LES SAVEURS SUCRÉES OU FRUITÉES SONT IDÉALES POUR UNE SALADE DE FRUITS, PAR EXEMPLE.

4

Prépare la vinaigrette avec 1 cuillère de vinaigre pour 3 cuillères d'huile. Ajoute 1 pincée de sel fin. Tu peux aussi tester des sauces différentes.

5

Au fond d'un saladier, verse la vinaigrette, les dés de fromage, les raisins secs, puis la laitue et enfin les fleurs.

6

Au moment de servir, brasse la salade, et dispose par-dessus, en décoration, quelques fleurs entières que tu as gardées de côté. Bel appétit !

ARTICHAUT

CHOU - FLEUR

## FLEURS LÉGUMES

QUAND TU MANGES UN ARTICHAUT, TU MANGES EN FAIT UNE FLEUR, OU PLUS EXACTEMENT LES BRACTÉES (PETITES FEUILLES DURES) QUI PROTÈGENT LA FUTURE FLEUR.

QUAND TU MANGES UN CHOU-FLEUR, TU MANGES UN GROS BOUTON FLORAL AVANT QU'IL S'ÉPANOUISSE POUR DONNER DES DIZAINES DE FLEURS...

# LES BOURDONNEURS DU JARDIN

IDENTIFICATION

As-tu remarqué ces allées et venues incessantes autour de tes plates-bandes ? Ce sont sans doute des abeilles qui butinent les fleurs, mais d'espèces différentes...

## UNE GRANDE FAMILLE

IL EXISTE DE NOMBREUSES ESPÈCES D'ABEILLES ET TOUTES SONT BIEN DE LA MÊME FAMILLE, CELLE QUE LES SAVANTS APPELLENT « HYMÉNOPTÈRES ». CELLES QUE TU OBSERVES DANS TON JARDIN SONT DES ABEILLES SAUVAGES DITES « SOLITAIRES », CAR ELLES NE VIVENT PAS EN COLONIE DANS UNE RUCHE. ELLES SONT PLUS NOMBREUSES QUE LES ABEILLES « À MIEL » DANS LA NATURE !

## L'ANDRÈNE

Mène l'enquête dans les parties piétinées de ta pelouse, là où la terre est tassée. Tu ne tarderas certainement pas à découvrir des petits tas de terre ressemblant à des minivolcans, pas plus gros qu'une pièce de 2 euros. L'andrène a creusé ici son terrier pour y pondre quelques œufs.

*Taille : 1,5 cm.*

## LA CHARPENTIÈRE

Sur une vieille souche au fond de ton jardin, une grosse abeille noire aux jolis reflets violets cherche une cavité pour faire son nid. Comme elle ne trouve rien à son goût, la voilà qui part vers ta maison : la charpente aura peut-être une cavité accueillante. D'où son nom, sans doute, d'abeille charpentière...

*Taille : 3 cm.*

## L'OSMIE

Près de ta fenêtre, voici l'osmie rousse. Cette petite abeille solitaire inspecte les trous d'évacuation d'eau, en bas de la fenêtre, pour y faire son nid. Pas de crainte, ce sera simplement quelques œufs pondus dans une cavité.

*Taille : 1,2 cm.*

## LA MÉGACHILE

Du côté de ton rosier, s'active la mégachile. Elle découpe des petits morceaux de feuilles pour tapisser son nid. Pour la reconnaître à coup sûr, regarde sous son ventre : elle a une grande brosse (une sorte de panier) presque toujours recouverte de pollen de fleurs !

*Taille : 1,5 cm.*

## LA CHRYSIDE

Sur le mur ensoleillé de ta maison, se promène la chryside. Cette petite guêpe aux jolies couleurs cuivrées et vert métallique recherche les nids des abeilles solitaires. C'est une guêpe coucou car, comme l'oiseau du même nom, elle va pondre dans le nid des autres !

*Taille : 1,5 cm.*

## ILS BOURDONNENT AUSSI AU JARDIN

**L'AMMOPHILE DES SABLES** est une guêpe fouisseuse spécialisée dans la chasse aux chenilles.

**LE SPHEX** recherche les grillons et les criquets, les paralyse, puis les emporte dans son terrier...

**LE POMPILE** remue sans arrêt ses antennes pour chasser les araignées.

**LA SCOLIE DES JARDINS** est une guêpe inoffensive, parasite des gros scarabées.

**L'EUMÈNE** est une guêpe maçonne : elle fabrique un petit pot de terre pour y pondre ses œufs.

PROTECTION

# SOS ABEILLES SOLITAIRES

Un petit tas de pierres, une bande de sable, un coin d'herbes folles, des plantes aromatiques et des nichoirs... Les idées ne manquent pas pour aider les abeilles solitaires à vivre au jardin.

TRÈS IMPORTANT : TOUS TES DISPOSITIFS DOIVENT ÊTRE BIEN EXPOSÉS AU SOLEIL. LES ABEILLES SOLITAIRES N'AIMENT PAS TROP LES ZONES OMBRAGÉES.

DES TIGES À MOELLE (RONCE, SUREAU, FRAMBOISIER...) LIÉES EN FAGOTS PERMETTRONT AUX ABEILLES DE CREUSER DIRECTEMENT LEURS GALERIES DANS LA MOELLE DES RAMEAUX.

## UN POT DE FLEUR POUR LES BOURDONS

1 Place quelques copeaux ou de la vieille paille à l'intérieur d'un pot de fleur et enterre-le à l'envers, en gardant le trou d'évacuation d'eau juste à la surface du sol.

2 Installe sur 4 petites pierres une planchette qui empêchera la pluie d'inonder le nichoir. Le tour est joué, les bourdons seront ravis.

## GUÊPES ET ABEILLES DANGER ?

Pas de panique ! Tu connais bien les guêpes sociables, celles qui t'embêtent en été et dont la piqûre est douloureuse, voire dangereuse pour les personnes allergiques. Elles ont mauvais caractère, sont souvent agressives lorsque tu t'approches de leur nid. Ne les embête donc pas. À l'inverse, les guêpes et les abeilles dont on parle ici sont des espèces solitaires, au caractère pacifique. Ne les attrape tout de même pas à la main car, même pacifiques, elles possèdent un dard…

UNE BÛCHE PERCÉE DE TROUS DE DIFFÉRENTS DIAMÈTRES PEUT SERVIR DE NICHOIR. FAIS-TOI AIDER POUR TROUER LE BOIS À LA PERCEUSE, MAIS SANS TRANSPERCER LA BÛCHE DE PART EN PART. SURVEILLE BIEN : CHAQUE CAVITÉ BOUCHÉE DE « TERRE » T'INDIQUERA QU'UNE ABEILLE Y A FAIT SON NID.

DES TIGES CREUSES (PAILLE, BAMBOU…) ATTIRERONT D'AUTRES ESPÈCES D'ABEILLES SOLITAIRES. N'OUBLIE PAS DE BOUCHER L'UNE DES EXTRÉMITÉS AVEC DE LA BOUE.

### NE LES CONFONDS PAS

LA GUÊPE GERMANIQUE peu désirable.

L'ABEILLE DOMESTIQUE habituée de la ruche.

LE GRAND FRELON à éviter absolument !

TRAVAUX DE SAISON

# JARDIN D'AOÛT

## LES 5 RÈGLES D'OR DE L'ARROSAGE

Sans eau, il n'y aurait pas de fleurs parfumées, pas de fruits colorés, pas de beaux légumes rebondis. Pas de vie sur Terre, en fait. Voilà pourquoi, quand le dur soleil d'été tape un peu trop longtemps et que la pluie n'est pas au rendez-vous, il faut faire attention de ne pas gaspiller l'eau que tu utilises pour l'arrosage. Par les grosses chaleurs d'été, tes plantes ont besoin de beaucoup d'eau, donc d'arrosage ! Alors, pour que l'entretien du jardin ne se transforme pas en corvée, voici tous les trucs pour arroser malin !

1

Au jardin, mieux vaut un arrosage copieux tous les 4 ou 5 jours qu'un arrosage superficiel quotidien. Pourquoi ? Tout simplement pour que l'eau pénètre bien dans le sol et qu'elle soit en contact direct avec les racines.

2

Arrose de préférence le soir, surtout au pied des plantes plutôt que sur le feuillage.

3

N'arrose jamais en plein soleil, l'eau s'évapore très vite et les plantes n'en profitent pas.

4

Les plantes en pot doivent être arrosées plus souvent (tous les 2 jours).

5

Enfin, n'oublie pas que l'excès d'eau est aussi mauvais que le manque : entre 2 arrosages, si tu mets ton doigt dans le sol et que la terre est collante et gorgée d'eau, il y en a trop ; si au contraire elle est sèche et poussiéreuse, c'est qu'il en manque. Au toucher, la terre doit être fraîche et souple.

## À FAIRE AUSSI EN AOÛT...

PRUNE

- Début août, faire des conserves de haricots.
- Mi-août, récolter les prunes et faire des confitures de mûres, de sureau...
- Pincer les tomates et supprimer les dernières fleurs.
- Faire sécher des fleurs pour avoir des bouquets toute l'année (immortelles, gypsophiles, pieds-d'alouette, statices...).
- Garder la cendre des barbecues pour faire de l'engrais.
- Fin août, planter les crocus d'automne en jardinière.

# UN GOUTTE-À-GOUTTE POUR TES PLANTES EN POT

*Tu peux faire un goutte-à-goutte idéal avec une simple bouteille en plastique.*

Cyclamen

1 Remplis-la d'eau et bouche-la soigneusement.

2 Avec un clou et un marteau, perce un trou dans le fond de la bouteille, ainsi que 4 petits trous dirigés dans des directions opposées sur les côtés du goulot.

3 Retourne ta bouteille et observe l'eau s'écouler au goutte-à-goutte. Si l'eau s'écoule en filet, tes trous sont trop gros, si elle ne s'écoule pas, ils sont trop petits.

4 Quand tu as le bon débit, installe la bouteille tête en bas dans le pot de fleurs et c'est prêt. Avec ce système, tu pourras même partir quelques jours en vacances sans craindre que tes plantes s'assèchent.

5 Pense à ajouter dans l'eau d'arrosage un peu d'engrais liquide pour nourrir tes plantes et n'oublie pas de mettre des coupelles sous tes pots pour récupérer l'excès d'eau.

# ET LES ARBRES ?

*On l'oublie trop souvent, mais les jeunes arbres ont d'importants besoins en eau les 3 premières années suivant leur plantation.*

La période critique, c'est leur première saison, surtout si la plantation a eu lieu au printemps.

*Place de la paille (5 cm d'épaisseur) au pied des arbres, cela leur permettra de garder les racines au frais.*

En règle générale, pense à les arroser au moins une fois tous les 15 jours avec environ 15 l d'eau par arbre, à déverser doucement autour du pied.

# CRÉE UN MUR VÉGÉTAL

ARTISTE EN HERBE

Des plantes qui poussent chez toi, au jardin ou sur ton balcon, dans des poches de pantalon... Incroyable, ce petit mur végétal ! Pourtant il est tout simple à réaliser.

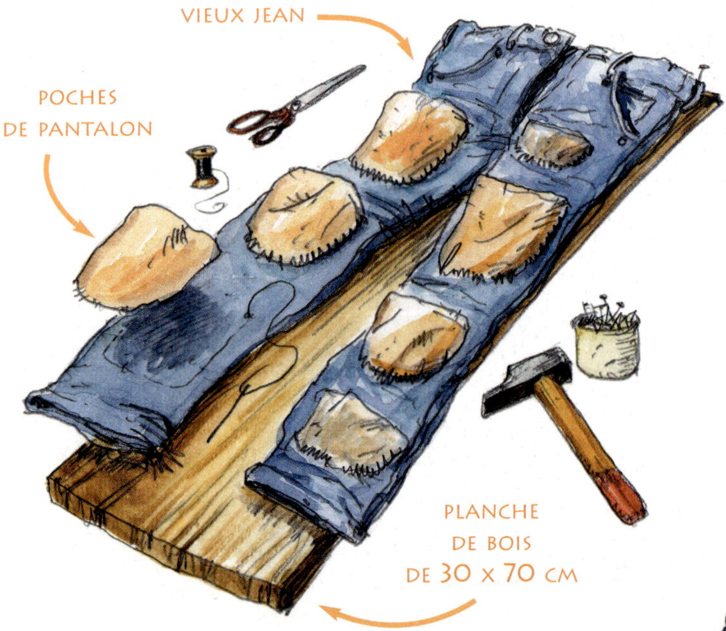


1

Sans les plaquer, **couds** des poches de pantalons sur toute la longueur des 2 jambes d'un vieux jean, en laissant bien la partie ouverte vers le haut.

2

**Fixe** le jean sur une planche de bois, en recouvrant bien cette dernière, pour qu'on ne voie que le jean.

3

Cale la planche verticalement contre un mur ou avec des baguettes de bois, avec la base immergée dans une **soucoupe de jardinière** toujours remplie d'eau.

4

Remplis les poches de bon **terreau** et installe tes plantes dans ces « pots en tissu ».

5

Chaque jour, **arrose** doucement le haut du jean avec une bouteille, jusqu'à ce qu'il y ait un peu d'eau accumulée dans la soucoupe.

*Ton mur végétal est prêt. Peu à peu, les plantes vont pousser, jusqu'à faire disparaître le tissu...*

## FAIS VERDIR LES MURS !

Avec quelques plantes grimpantes bien choisies, le mur le plus affreux va devenir un espace changeant et accueillant pour les oiseaux et les insectes. Au pied du mur choisi, dégage une bande de terre de 80 cm de longueur sur 20 cm de largeur (si tes parents ne sont pas d'accord pour que tu casses le sol bétonné, de grands pots posés au pied du mur peuvent faire l'affaire...). Fais tes plantations de grimpantes en laissant 40 cm entre chacune. Au choix :

LA CLÉMATITE

Elle se plaira bien au soleil, développant ses longues lianes, à condition que tu lui offres un treillis ou des ficelles pour pouvoir grimper.

LE CHÈVREFEUILLE

Il sera bien à mi-ombre, il attirera les papillons nocturnes avec le parfum enivrant des ses fleurs.

LA VIGNE VIERGE

Elle sera particulièrement superbe à l'automne, avec ses feuilles virant au rouge.

LE LIERRE

Il se plaira sur toutes les façades, à l'ombre comme à la lumière. Grâce à ses petits crampons, il couvrira vite le mur de ses feuilles luisantes et persistantes (sans abîmer la façade, contrairement à ce qui se croit souvent...).

Attention, les grimpantes ne savent pas s'arrêter ! Il faudra donc ne pas hésiter à les tailler pour éviter qu'elles envahissent les gouttières ou le mur du voisin...

# Les mammifères des villes

Identification

Les mammifères sauvages vivant en ville sont des grands timides : ils ne sortent en général qu'à la nuit tombée... Et pourtant, ils sont bien présents, dans les parcs, sur les berges des rivières ou des étangs, dans les égouts ou même dans nos maisons.

L'écureuil :
rongeur de 35 à 45 cm.
Nourriture :
graines des cônes, fruits secs, écorces, champignons.

## L' écureuil

Voici le roi des acrobates des parcs.
Grâce à sa grande queue qui lui sert de balancier, il saute facilement d'un arbre à l'autre, et effectue mille galipettes. Il se déplace aussi très rapidement au sol.

### Ils sont passés par ici...

Les petits rongeurs de la maison, avec leur habitude de tout grignoter, s'attaquent à tout et n'importe quoi. La souris domestique laisse ses traces de dents sur certains matériaux absolument pas comestibles comme les fils électriques ou le savon ! Quant au surmulot, on se demande ce qui pourrait lui résister : il est capable de ronger des tuyaux de plastique dur, des plaques de métal, ou même des briques !

Le rat surmulot :
rongeur de 37 à 50 cm.
Nourriture :
végétaux, fruits, viande, déchets.

## La souris grise

On l'appelle aussi la « souris domestique », tellement elle est proche des humains et de leurs lieux de vie. Présente partout dans le monde, elle se nourrit presque exclusivement de notre propre nourriture.

La souris grise :
rongeur de 12 à 20 cm.
Nourriture :
graines, aliments humains.

## Le rat surmulot

Il fréquente les caves, les entrepôts, les égouts, les dépotoirs... et profite de tout ce que nous ne voulons pas. Il peut aussi vivre en plein air, et creuser alors des galeries sous terre.
Avec son cousin, le rat noir, il fait partie des mammifères les plus nombreux en ville : il y en a en moyenne 2 par habitant (soit 4 millions à Paris !)

La pipistrelle commune : chiroptère de 7 cm (envergure : de 18 à 23 cm). Nourriture : petits insectes volants.

## Le sanglier

Une grande forêt avec des mares de boue pour pouvoir se rouler dedans, voilà son lieu de vie préféré ! Et pourtant, parfois, un mâle solitaire en maraude se retrouve traversant une voie rapide ou nageant dans les eaux d'un fleuve jusqu'au cœur d'une ville !

Le sanglier : artiodactyle de 1,20 à 1,60 m (hauteur au garrot : de 70 à 95 cm). Nourriture : omnivore, il mange de tout !

## Les chauves-souris

En été, les mâles pipistrelles vivent seuls, trouvant abri dans un trou d'arbre ou une fissure de bâtiment. En revanche, les femelles ont tendance à se réunir en petits groupes dès le mois de mai dans des endroits bien chauds, comme des greniers, pour donner naissance ensemble à leurs petits.
Tu peux découvrir leurs cousins les rhinolophes en été dormant dans un grenier, ou les murins en hiver hibernant dans une cave, complètement enveloppés dans leurs ailes.

## Le ragondin

On pourrait presque le prendre pour un castor, mais sa queue est ronde et effilée. Excellent nageur, il passe son temps dans l'eau, ne sortant que pour se nourrir. Il creuse des terriers dans les digues et les berges des canaux, causant parfois de gros dégâts…

Le ragondin : rongeur de 70 à 105 cm. Nourriture : plantes aquatiques, écorces, maïs.

## LA FOUINE

Elle aime s'approcher des humains, et même pénétrer dans les bâtiments (granges et greniers) une fois la nuit tombée. Son cou est orné d'une belle tache toute blanche descendant sur ses pattes.

LA FOUINE :
CARNIVORE DE 66 À 77 CM.
NOURRITURE :
GRAINES, FEUILLES, FRUITS, ÉCORCES, INSECTES.

## LE LAPIN DE GARENNE

On peut le rencontrer un peu partout, mais tu auras plus de chances de trouver une colonie avec ses nombreux terriers en longeant les haies touffues ou… les talus des voies rapides et les terrains d'aviation ! Des petites crottes noires groupées en paquets ? Tu as trouvé.

## LE LOIR GRIS

Il aime les pentes ensoleillées des parcs et des vergers, pourvu qu'ils abritent quelques vieux arbres, où il pourra trouver un trou pour se reposer. Son cousin le lérot peut vivre toute l'année dans des bâtiments, à condition qu'il ait un jardin ou un parc à proximité pour aller se nourrir à la tombée de la nuit.

LE LOIR GRIS :
RONGEUR DE 23 À 37 CM.
NOURRITURE :
GRAINES, FEUILLES, FRUITS, ÉCORCES, INSECTES.

LE LAPIN DE GARENNE :
LAGOMORPHE DE 38 À 54 CM.
NOURRITURE :
HERBES, RACINES, ÉCORCES.

Le renard roux :
carnivore de 80 à 140 cm.
Nourriture :
petits mammifères,
oiseaux, fruits.

## La taupe

Ses taupinières sont bien évidentes sur les pelouses, mais elle, tu ne la verras pratiquement jamais, parce que sa vie se passe sous terre. Elle a de grandes pattes avant qui lui permettent de creuser sans cesse des galeries pour rechercher de quoi se nourrir.

La taupe :
insectivore de 14 à 20 cm
de long.
Nourriture :
vers de terre, larves d'insectes.

## Le renard roux

C'est le roi des maraudeurs. Toute la nuit, il longe les haies et les talus, l'oreille dressée, prêt à bondir sur le moindre mulot trop bruyant. C'est en janvier que tu auras plus de chances de le voir en plein jour, au moment de la période des amours.

Le hérisson d'Europe :
insectivore de 20 à 30 cm
de long.
Nourriture :
insectes, vers,
araignées,
œufs.

**Les loups sont entrés dans Paris !**

En 1421, il fit un hiver et un printemps si froids que des loups, affamés, osèrent entrer en plein Paris pour essayer de trouver quelque chose à manger. Cela jeta un froid supplémentaire…

## Le hérisson d'Europe

D'avril à octobre, en te promenant le soir dans les quartiers de maisons avec jardin, tu pourras l'entendre remuer bruyamment les feuilles et « grogner », solitaire. Il aime bien la ville sauf… les voitures, qui sont sa principale cause de mortalité.

# UN RENARD DANS LA VILLE

ENQUÊTE NATURE

Pas de doute, les renards se plaisent bien en ville, dans les jardins, les terrains vagues et les parcs publics. Ils sont pourtant bien discrets, car ils vivent… la nuit. À toi de guetter leurs indices de présence.

### TRACE DE RENARD OU TRACE DE CHIEN ?

Facile à savoir : tu peux tracer une croix entre les pelotes du renard, pas entre celles du chien.

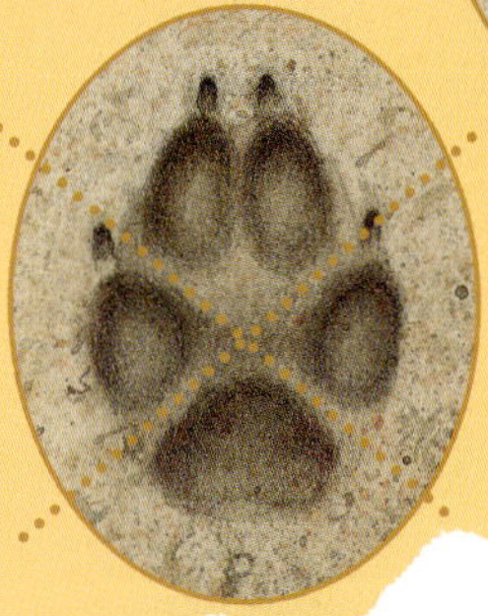

EMPREINTE DE CHIEN

EMPREINTE DE RENARD

EN SUIVANT LES COULÉES, REGARDE SUR LES TAUPINIÈRES OU DANS LA BOUE DE CERTAINS SENTIERS : TU POURRAS PEUT-ÊTRE OBSERVER UNE EMPREINTE DE RENARD…

## LES COULÉES

Les renards parcourent leur territoire en passant régulièrement au même endroit. À force d'être piétinée, l'herbe se couche et un petit sentier se crée, c'est une « coulée ». Ouvre l'œil pour en repérer dans l'herbe et dans les buissons.

## QUELQUES POILS

Lorsqu'une coulée traverse un buisson épineux de framboisiers, de ronces ou de rosiers, inspecte minutieusement les épines de ces plantes : peut-être trouveras-tu des poils roux et noirs de renard qui sont restés accrochés.

## POUBELLES RENVERSÉES

Une poubelle renversée ou des sacs-poubelle éventrés peuvent être le signe du passage d'un renard. Mais ne l'accuse pas tout de suite : les chiens et les chats le font aussi…

## LES TERRIERS

Recherche les terriers dans les haies ou les massifs tranquilles et peu fréquentés. Les coins d'herbes hautes peuvent également abriter une famille de renards. Les renards creusent des terriers de plus de 25 cm de diamètre. Des terriers de renards ont été retrouvés dans toutes sortes d'endroits : sous des cabanes de jardin, dans des gares, dans des talus de chemins de fer, sous des maisons habitées, dans des caves et même dans des cimetières. Brrr...

## PISTER LES ODEURS

Le terrier dégage une odeur musquée et désagréable ? Il y a alors de fortes chances pour qu'il soit fréquenté par un renard. Souvent, des restes de nourriture (os, carcasses...) traînent devant l'entrée.

Tu découvres une crotte déposée bien en évidence sur un chemin, sur une taupinière, une souche ou une pierre ? C'est sans doute un renard qui a marqué son territoire. Parfois, tu sentiras aussi une légère odeur d'urine musquée. C'est signé Goupil !

## RENCONTRES NOCTURNES

La nuit, en ville, tu peux aussi croiser de nombreux animaux sauvages qui attendent ce moment calme pour s'activer.

### LE CRAPAUD

Les crapauds viennent chasser les vers et les insectes sur le bitume des rues, après les pluies. Habitude dangereuse

### LA CHOUETTE

Les chouettes effraies et les hulottes chassent les petits rongeurs un peu partout en ville.

### LA CHAUVE-SOURIS

Les pipistrelles tournent autour des lampadaires pour attraper des insectes volants attirés par la lumière artificielle.

# PELOUSE EN JEUX

JARDINS SPÉCIAUX

Il est encore temps de semer
de la pelouse... ou de la changer de couleur !
Dans les deux cas, cela va te permettre
de « faire pousser » de vrais terrains
de jeux.

## DAMIER DE PELOUSE

*Pour jouer aux dames en plein air…*

1

Peins 12 rondelles de bois en noir et 12 autres en blanc.

*Tu peux remplacer les rondelles de bois par de gros cailloux clairs et foncés.*

3

Tends d'autres cordelettes dans ce carré, perpendiculairement les unes aux autres, pour former au final un quadrillage de 64 cases (8 x 8), chaque case faisant 30 cm de côté.

2

Tends des cordelettes sur la surface à engazonner (la terre étant travaillée pour être fine et bien aplanie), de façon à former un carré de 2,40 m de côté.

*La pelouse a poussé : tonds-la régulièrement pour qu'elle soit bien dense. Tu peux maintenant disposer les pions sur les cases de sable et organiser avec tes amis de passionnantes parties en plein air !*

# MARELLE VÉGÉTALE

*Sans coups de bêche ni plâtre qui viendraient défigurer la pelouse familiale, « dessine » une marelle naturelle.*

1

Juste après une tonte, dessine avec des petits piquets et un cordeau la forme d'une marelle.

2

Mets dans un grand arrosoir de l'engrais azoté liquide dilué, et répands-le soigneusement en filet, en suivant parfaitement le pourtour et les cases de la marelle.

3

Arrose ensuite la pelouse normalement et enlève cordeau et piquets.

*Dans quelques jours, tu vas voir apparaître le dessin de la marelle en vert plus sombre sur la pelouse un peu jaunie par le soleil : l'azote a fait son effet, ton jeu est dessiné. Il ne craint pas la tondeuse et durera tout l'été.*

NON SEULEMENT TU VAS POUVOIR JOUER DES HEURES AVEC TES AMIS, MAIS EN PLUS, TU POURRAS LES ÉPATER EN LEUR MONTRANT TON TRAVAIL D'ARTISTE EN HERBE !

# L'HORLOGE BOTANIQUE DU JARDIN

Au XVII<sup>e</sup> siècle, un botaniste a eu l'idée de classer les plantes en fonction de l'heure d'ouverture de leurs fleurs. Il a créé une horloge végétale qui porte son nom : c'est l'horloge botanique de monsieur Linné.

## LE LISERON

C'est un lève-tôt : dès 4 h, il ouvre ses belles corolles blanches teintées de rose délicat.

## LE SALSIFIS

Aussi appelé « scorsonère » par les jardiniers. Linné dit qu'il s'ouvre à 6 h. C'est souvent vrai, mais parfois, il lui arrive d'étaler ses belles fleurs jaunes au beau milieu de l'après-midi seulement !

## LE NÉNUPHAR

Il pointe son nez avec les premiers rayons du soleil, vers 7 h.

## « DÉCALAGE HORAIRE »

APRÈS AVOIR ÉTABLI SON HORLOGE VÉGÉTALE, LE BRAVE MONSIEUR LINNÉ S'EST RENDU COMPTE QUE SA MÉTHODE N'ÉTAIT PAS FIABLE : LA MÉTÉO, L'EXPOSITION, LA RÉGION INFLUENT TELLEMENT SUR L'HEURE D'OUVERTURE D'UNE MÊME FLEUR... RÉSULTAT : LE SAVANT A DÛ IMAGINER UN AUTRE SYSTÈME DE CLASSIFICATION DES PLANTES, ET C'EST CELUI QUI EST ENCORE UTILISÉ AUJOURD'HUI DANS LES LIVRES. QUANT À SON HORLOGE, ELLE EST RESTÉE CÉLÈBRE, CAR CERTAINES FLEURS ONT VRAIMENT DES HORAIRES FIXES...

## LE SOUCI

Ni trop tôt, ni trop tard, il éclot vers 9 h. Tranquille et... sans souci !

## LE MOURON ROUGE

Discret, il s'ouvre dès 8 h, pour les premières fleurs du moins, car les éclosions ont lieu toute la journée au gré du mûrissement des boutons floraux.

## L' ŒILLET

C'est un adepte de la grasse matinée : Linné annonce son ouverture pour 13 h ; c'est vrai pour les jeunes boutons, mais lorsqu'elles sont ouvertes, les fleurs restent épanouies tout le temps.

## LE PISSENLIT

Un réveil à 15 h (d'après Linné…), c'est vexant pour cette plante qui s'épanouit en fait dès que le soleil brille intensément… Chaque soir, il se referme, et s'il fait mauvais temps, il peut rester clos toute la journée. Linné a dû faire la moyenne !

## LA DAME D'ONZE HEURES

Encore appelée « ornithogale », elle ressemble à un petit lis blanc, et s'épanouit, comme son nom l'indique, en fin de matinée (11 h) lorsque le soleil est haut dans le ciel.

## LA BELLE DE NUIT

Elle s'ouvre le soir (vers 18 h), alors que la plupart des plantes se ferment. Ses corolles rouges ou jaunes sont magnifiques et nombreuses de juillet jusqu'aux gelées.

## LA CHICORÉE

Ses beaux pétales bleu ciel s'ouvrent vers 9 h en été.

## L' HÉMÉROCALLE

Elle fait partie des noctambules et ne s'ouvre qu'à partir de 19 h.

# CONSTRUIS TON FOUR SOLAIRE

BRICOLAGE

Le soleil tape dur au jardin ?
Capture son énergie gratuite et abondante dans un véritable four solaire...
Attention, la température va monter jusqu'à 120 °C, tu vas pouvoir y faire cuire des ratatouilles, des tartes ou des pizzas !

1

Découpe 4 plaques de **mousse de polyuréthane** avec un cutter (attention les doigts...) selon les dimensions suivantes :
1 pour le fond de 60 x 45 cm,
1 pour l'arrière de 35 x 45 cm,
2 pour les côtés de 65 x 45 x 35 cm.
Peins la **plaque d'acier** en noir.

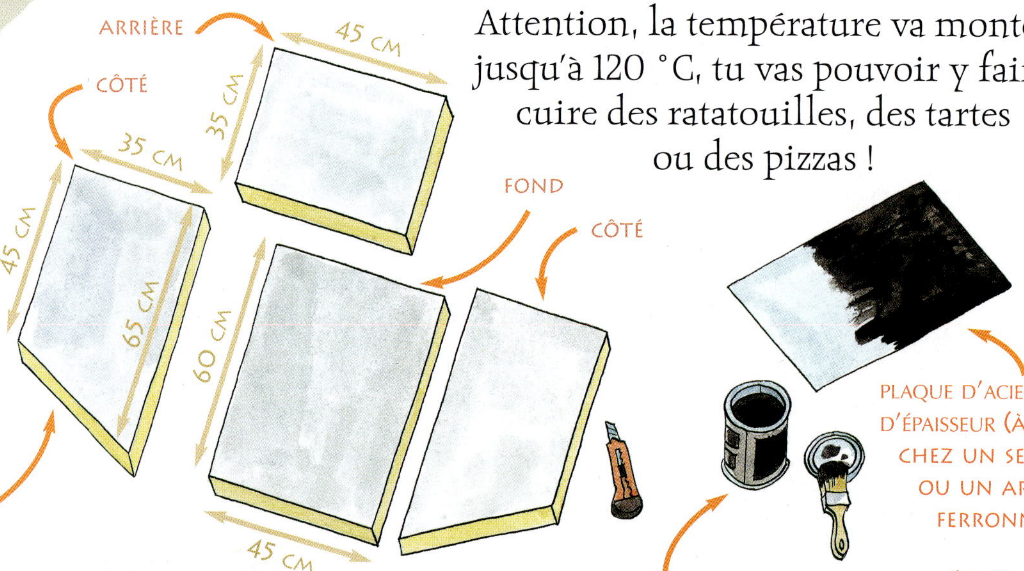


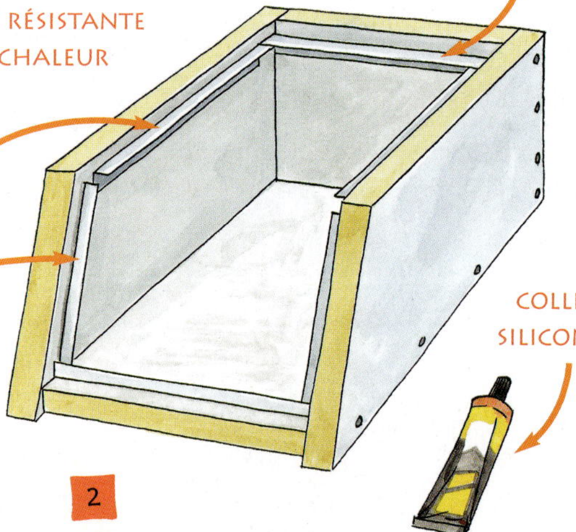


2

Fixe les plaques avec des **vis Parker** de 3 cm et de la **colle** silicone. Fixe ensuite, avec la colle, des **équerres** en aluminium de 1 x 1 cm (épaisseur 1 mm) sur tout le pourtour supérieur des plaques (côté intérieur du four), de façon que les vitres puissent venir se poser dessus.

LE FOUR D'ODEILLO

Dans ce four solaire géant, la température peut atteindre 3 000 °C !

## JARDIN SOLAIRE

Les jardiniers le savent bien : il existe de nombreuses autres astuces pour piéger, récupérer, accumuler l'énergie solaire et enfin, en profiter.

### Le récupérateur de chaleur

Une tuile placée sous un melon va accumuler la chaleur durant la journée et la restituer plus tard au fruit, qui va mûrir plus vite et être plus sucré !

### L'accumulateur de chaleur

Un mur bien exposé au sud accueille des arbres fruitiers, savamment plaqués et palissés, parce qu'il les protège du vent et du froid, mais aussi parce qu'il réfléchit la nuit la chaleur accumulée pendant le jour.

### La serre protectrice

Derrière une vitre ensoleillée, la température est supérieure de plusieurs degrés. Idéal pour abriter des végétaux fragiles ou exotiques.

3

Installe la plaque au fond du four.
Pose des vitres de 4 mm d'épaisseur, en renforçant l'isolation avec des joints pour fenêtre.

*Ton « piège à chaleur » est prêt, avec son chauffage (les vitres avec le soleil), son « radiateur » (l'acier) et son isolation (la mousse).*

Ton four ne sera pas très lourd (5 ou 6 kg), mais encombrant… et chaud. Utilise-le donc avec prudence, en le plaçant face au soleil. Tous les 1/4 d'heure, il faudra le réorienter un peu. Ce qui fait que, si tu l'oublies, rien ne cramera…

THYM

PLANTES UTILES

# TOILETTE AUX AROMATES

Avant l'invasion de la chimie dans notre vie, les plantes étaient à la base de nombreux produits pour la maison, et notamment dans la salle de bains. Voici quelques vieux secrets aromatiques qui vont te permettre de préparer des produits 100 % naturels et parfumés !

## DENTIFRICE AU THYM

Broie finement des feuilles de thym sèches et quelques feuilles de menthe dans un moulin à café électrique (ou un mixeur), et place cette poudre végétale, parfaitement désinfectante, dans un verre à la salle de bains. Plonge ta brosse sèche dedans, et brosse-toi les dents dans tous les sens. Rince, c'est fini !

## SHAMPOOING À LA SAPONAIRE

La saponaire est aussi appelée « l'herbe à savon », parce que, pendant des siècles, elle a servi à fabriquer toutes sortes de savons et de lessives.

Pour en faire un shampooing, il suffit de faire infuser 50 g de racines sèches pendant 10 min dans de l'eau bouillante, et de diluer cette « tisane » (après filtrage) dans l'eau de lavage des cheveux pour qu'ils retrouvent leur souplesse.

PENSE À FAIRE UN DERNIER RINÇAGE AVEC DE L'EAU LÉGÈREMENT VINAIGRÉE (1 CUILLÈRE À SOUPE PAR LITRE D'EAU) POUR ÉLIMINER LES TRACES DE SAPONAIRE ET REDONNER DU BRILLANT À TES CHEVEUX.

## BAIN RELAXANT

Prends 200 g de feuilles sèches de tilleul et autant de camomille, place-les dans 3 l d'eau bouillante et laisse infuser pendant 2 bonnes heures. Filtre et ajoute ce liquide à l'eau du bain. Cette lotion te permettra de profiter des propriétés calmantes du tilleul et de la camomille. Idéal après une séance de sport, ou le soir avant le repas.

TILLEUL

CAMOMILLE

MENTHE

## BAIN STIMULANT

Place dans un sachet de la lavande, de la menthe et du romarin secs (150 g de chaque) et suspends-le sous le robinet d'eau chaude de la baignoire. Fais couler sur les plantes, puis, au moment de prendre ton bain, rajoute de l'eau froide pour obtenir une bonne température.

C'est des propriétés toniques de ces plantes que tu vas profiter. Mais elles ont aussi le pouvoir de nettoyer et désinfecter la peau et d'éliminer la sueur.

ROMARIN

LAVANDE

*Idéal pour récupérer après une grosse fatigue ou pour bien démarrer la journée !*

### SAVOIR-FAIRE

Lorsque tu récoltes tes plantes, pense à les faire sécher dans un endroit bien ventilé, à l'abri du soleil et de la poussière. Dès qu'elles sont sèches, mets-les dans des sacs en papier et conserve-les dans un endroit bien ventilé.

TRAVAUX DE SAISON

## FAIS TON PURIN D'ORTIE

*Le purin d'ortie est sans doute le produit naturel le plus utile pour avoir de belles plantes : il est très simple à fabriquer. À faire tout au fond du jardin, car il sent très fort…*

Dans un récipient en bois ou en plastique grand ouvert, mets 1 kg d'ortie dans 10 l d'eau. Couvre avec un linge (surtout, pas de couvercle étanche !) et laisse fermenter. Pendant la fermentation, il se produit un dégagement de petites bulles. Lorsque ces bulles ne se forment plus (au bout de 15 à 20 jours), le produit doit être filtré à travers un linge fin et mis en bouteilles bien fermées et conservées à l'abri de la lumière et de la chaleur.

Attention : le purin doit toujours être dilué dans de l'eau (de 5 à 20 %) pour servir d'engrais. Car utilisé pur, c'est un excellent… désherbant !

# JARDIN DE SEPTEMBRE

Tu es gourmand ? Alors rends vite visite à ton jardin. En ce moment, tu peux y grappiller du raisin et des groseilles, casser quelques noisettes, faire des confitures de prunes, stocker des pommes et des poires… Malgré toutes ces merveilles, n'oublie pas que le jardin a encore besoin de toi : la saison des récoltes est loin d'être terminée.

## À FAIRE AUSSI EN SEPTEMBRE…

LAVATÈRE

- Début septembre, bouturer les lavatères et les fuchsias.
- Faire une tarte aux prunes.
- Planter les salades d'hiver.
- Mi-septembre, semer la pelouse, ainsi que la mâche, les épinards, la laitue d'hiver.
- À partir de fin septembre, planter les bulbes de tulipes, crocus et narcisses.
- Semer les premiers petits pois et les fèves (dans le sud de la France).

## UN SÉCHOIR SOLAIRE À FRUITS

*Une simple vitre posée sur un cadre en bois, quelques fils solides attachés, et voilà un parfait séchoir solaire, idéal pour conserver des fruits savoureux en les gorgeant de soleil…*

Poire

1 Le long d'un cadre de bois de 30 x 40 cm, sur la face opposée à la vitre, fixe 2 séries de clous en U (on les appelle « cavaliers »).

2 Récolte des fruits non abîmés, comme des abricots, des figues, des prunes, des poires, des pommes.

3 Découpe-les en tranches de 1 cm d'épaisseur et enfile-les sur des fils solides avec une grosse aiguille. Tends bien ces fils entre les cavaliers.

4 Installe le cadre contre un mur en l'inclinant dans un endroit bien ensoleillé, plein sud, et pose une vitre dessus. Il faut 6 ou 7 jours de grand soleil pour faire parfaitement sécher tes fruits.

Attention : la température derrière la vitre avoisine les 50 °C !

## RÉCOLTE TES GRAINES

*Oh, les beaux légumes rares… Tu aimerais bien les avoir dans ton jardin, mais voilà, tu ne sais pas où acheter les graines de ces plantes. La solution est simple : récolte-les toi-même.*

1 Dans le jardin où tu as repéré les légumes qui t'intéressent, choisis les plus grosses tomates, les plus belles salades, les haricots les plus précoces, etc. La récolte se fait lorsque les graines sont bien sèches, ou les légumes bien mûrs.

Petits pois

2 Les graines récoltées contiennent encore beaucoup d'humidité, certaines (comme celles de la tomate) sont carrément gorgées d'eau. Le séchage est donc obligatoire. Dispose ta récolte sur des feuilles de papier déposées dans un grenier ou un garage.

3 Après un mois de séchage environ, il est temps de stocker tes graines dans une enveloppe. À la place de l'adresse, inscris le nom de la plante et la date de ta récolte. En attendant le moment des semis, conserve tes sachets dans un lieu sec et bien aéré.

*Voilà, tes graines sont devenues semences…*

Ingrédients
- 350 g de mûres
- 300 g de sucre
- 2 citrons
- 2 jaunes d'œufs
- 150 cl de lait
- 150 g de crème liquide

Ustensiles
- une sorbetière
- une grande casserole
- un mixeur
- un saladier
- des coupes à glace

Cuisine sauvage

# Glace à la mûre

Sauvage ou cultivée, la mûre est un fruit délicieux. On a beau se piquer en la récoltant, rien n'y fait, c'est tellement bon qu'on ne peut s'empêcher d'en cueillir ! Surtout si c'est pour préparer une délicieuse crème glacée...

1

Récolte les mûres le long des haies près de chez toi, lave-les soigneusement et mets-en 50 g de côté.

2

Presse les citrons, ajoute le sucre au jus et fais fondre le tout dans une casserole à feu doux.

3

Ajoute les 300 g de mûres et mixe. Laisse bien refroidir.

4

Fais chauffer le lait. Bats les jaunes d'œufs dans un saladier, puis verse dessus, tout doucement, le lait bouillant. Sans arrêter de battre, ajoute la préparation à base de mûres et fais épaissir pendant 1 ou 2 min à feu doux.

**ATTENTION !**

Dans la nature, ne ramasse pas de mûres accrochées à moins de 30 cm du sol. Plus bas, des animaux sauvages peuvent les avoir souillées.

5

Retire du feu et ajoute la crème liquide. Laisse refroidir complètement avant de verser dans la sorbetière (si tu n'en as pas, mets ta glace dans un grand bol profond au freezer et brasse-la régulièrement).

6

Juste avant que la glace soit complètement prise, ajoute les mûres que tu as mises de côté pour qu'elles se « prennent » dans la masse.

*Sers dans des coupes individuelles, décore avec quelques mûres entières.*

*Pour égayer ta présentation et donner à tes glaces un petit air de fête, tu peux planter un biscuit dans la glace et piquer quelques décorations.*

## HISTOIRES DE MÛRES

TU AS PEUT-ÊTRE DES MÛRES CULTIVÉES DANS TON JARDIN, PEUT-ÊTRE MÊME DES VARIÉTÉS SANS ÉPINES, ÇA EXISTE. MAIS LES PLUS PARFUMÉES, CE SONT LES MÛRES SAUVAGES !

LA RONCE ET LA MÛRE

LA MÛRE EST LE FRUIT DE LA RONCE, UNE PLANTE CONQUÉRANTE : UN SEUL PIED DE RONCE PEUT RECOUVRIR UN TERRAIN DE PLUS DE 100 M$^2$ EN MOINS DE 5 ANS !

LA TIGE DE RONCE FUT L'UN DES PREMIERS LIENS UTILISÉS PAR LES HOMMES PRÉHISTORIQUES. AUJOURD'HUI ENCORE, DES JARDINIERS L'UTILISENT POUR ATTACHER LEURS PIEDS DE TOMATE, PAR EXEMPLE.

POUR CELA, ILS DÉCOUPENT DES TRONÇONS DE TIGES VERTES, ENLÈVENT SOIGNEUSEMENT TOUTES LES ÉPINES, FENDENT CES TRONÇONS EN DEUX DANS LE SENS DE LA LONGUEUR ET RACLENT LA MOELLE INTÉRIEURE, DE FAÇON À NE GARDER QUE L'ÉCORCE. À LA CAMPAGNE, ON APPELLE LA RONCE « ACCROCHE PIED » PARCE QUE, DISSIMULÉE DANS L'HERBE DES PRÉS, ELLE FAIT DES CROCHE-PIEDS AUX PROMENEURS…

ARTISTE EN HERBE

# FABRIQUE TON PAPIER

Cahiers, livres, journaux, emballages... Tous les papiers sont fabriqués à partir de végétaux. Dans l'industrie, on utilise des arbres, dont on broie le bois pour obtenir une pâte dont on fait le papier. Toi, tu peux t'en faire un personnalisé... avec les plantes et les fleurs de ton jardin !

## FABRICATION DU TAMIS

Cloue 4 baguettes de bois pour faire un cadre bien rigide. Agrafe dessus du grillage fin.

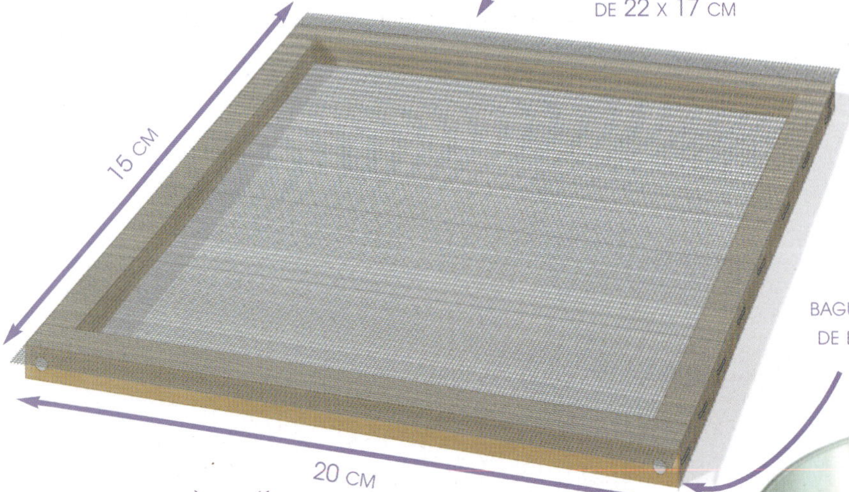


*Il te faut 2 baguettes de bois de 20 cm de longueur et 2 autres de 15 cm*

1

## PRÉPARATION DE LA PÂTE

Déchiquette en petits morceaux 2 boîtes de 6 œufs et laisse-les tremper un bon quart d'heure dans 1 l d'eau environ. Passe ensuite ce mélange au mixeur, jusqu'à obtenir une véritable « pâte à papier » homogène, sans grumeaux, liquide mais un peu épaisse.

2

## INCLUSION DES FLEURS

Dépose dans ta pâte les végétaux que tu veux incorporer. À toi de choisir le mélange : soit avec des pétales de plusieurs couleurs, soit d'une seule couleur ou d'un seul parfum. En variant les pétales, tu obtiendras autant de papiers différents.

*Tu peux aussi mélanger des petites feuilles parfumées (lavande, thym, romarin...)*

GRAND BAC
À FOND PLAT

3

## DANS LE BAIN

Remplis le grand bac d'eau jusqu'aux 2/3 de sa hauteur. Plonges-y complètement ton tamis, avec le grillage tourné vers le fond du bac. Prends un peu de pâte avec un gobelet et verse-la sur le tamis de façon régulière : il doit y avoir à peu près la même épaisseur de pâte sur tout le grillage.

4

## LA FEUILLE APPARAÎT

Étape délicate… Pose un de tes tissus bien à plat sur la table. Sors de l'eau le tamis couvert de pâte, et laisse-le bien s'égoutter. Approche-le ensuite du tissu… et retourne vivement le tamis dessus : la feuille de pâte va venir s'y « coller ».

TISSU ÉPAIS
D'AU MOINS
20 X 30 CM

PRESSE OU GROS
LIVRE

5

## LA PRESSE

Procède de la même façon pour chaque tissu-feuille, en les empilant au fur et à mesure. Ne dépasse pas la dizaine de couches. Dépose délicatement ce paquet sous une presse… et visse fort . À défaut, pose de grands livres sur le paquet, en intercalant une feuille de plastique pour que les livres ne soient pas mouillés.

6

## C' EST FINI !

Laisse sécher tes feuilles sous presse au moins 24 h. Détache ensuite délicatement chaque feuille de son tissu.

*Voici maintenant du papier fleuri ou parfumé, idéal pour écrire ton courrier… ou faire tes devoirs !*

# Les plantes aromatiques

Tous les cuisiniers te le diront : pas de jardin potager sans plantes aromatiques ! Un brin de thym, une tige de ciboulette, une feuille de menthe... Tout cela peut se loger dans un minijardin, parfumé et coloré, pour le plus grand plaisir des gourmands.

Repère un beau pied de romarin et demande à son propriétaire de te préparer une « marcotte » : il s'agit de recouvrir de terre une branche basse (en laissant dépasser le bout). Au bout de quelques mois, la partie enterrée aura produit des racines, et tu pourras la séparer et la planter dans ton jardin.

## Le romarin

Plante un pied en plein soleil, à la fin de l'été : il va devenir arbrisseau en quelques années. Si tu n'habites pas la région méditerranéenne, protège-le pendant l'hiver. Récupère les feuilles, laisse-les sécher à l'air libre, puis conserve-les dans un récipient clos.

*Cuisine : les feuilles s'utilisent en condiments pour de nombreux plats.*

## La sauge officinale

Plante un plant en mars ou avril et oublie-le (même pour les arrosages)... sauf pour les cueillettes ! Coupe les fleurs fanées.

*Cuisine : une seule feuille suffit à embaumer bien des plats.*

En Italie, autrefois, les gens mâchaient une feuille de sauge chaque jour... pour avoir une excellente dentition !

Pour éviter les excès d'eau dans le sol, lors de la plantation, retire un peu de terre et ajoute du gravier à la place, bien mélangé à du terreau.

## Le thym

Plante un pied en mars, bien exposé au sud et, comme la sauge, oublie-le ! Taille une fois par mois ton pied de thym, afin de ne lui laisser qu'une quinzaine de centimètres de hauteur.

*Cuisine : on peut le consommer en tisane, frais ou séché. On dit que c'est un excellent remède contre le rhume !*

## L' ORIGAN

Installe un plant (ou une bouture) bien au soleil en mai-juin. Taille-le après floraison, cela stimulera sa croissance. Cueille les feuilles nouvelles toute l'année, ou la plante entière en juillet-août, au moment de la floraison.

*Cuisine : séché et réduit en poudre, il aromatise les pizzas avec son petit goût poivré.*

ATTENTION, SES FLEURS NOMBREUSES ET GORGÉES DE NECTAR ATTIRENT DE NOMBREUSES ABEILLES... PLANTE-LE DONC UN PEU LOIN DE LA MAISON.

## LA CIBOULETTE

Plante-la en mars ou avril. Elle appréciera une bonne poignée de compost avant la plantation. Coupe régulièrement les tiges (dès qu'elles font 20 cm) pour qu'elles restent tendres. Évite de la laisser fleurir.

*Cuisine : pour parfumer les salades et les omelettes.*

## L' ESTRAGON

Il se plante en mars ou en avril, et une simple bonne terre lui suffit. Cueille les feuilles à mesure de tes besoins, car séchées, elles perdent toute leur saveur.

*Cuisine : excellent dans de nombreuses sauces, pour le poulet ou le poisson.*

COUVRE LE SOL AUTOUR DE TON ESTRAGON DE PIERRES PLATES OU DE TUILES. ELLES EMMAGASINERONT LA CHALEUR ET LE PROTÉGERONT DU FROID EN HIVER.

PLANTES DE LA CIBOULETTE DANS UN « POT À FRAISIER », GROS POT EN TERRE AVEC PLUSIEURS TROUS SUR LES CÔTÉS, QUE TU POURRAS INSTALLER SUR LA FENÊTRE DE LA CUISINE.

## LE PERSIL

Tu peux semer des graines, mais la germination est un peu longue. Plus rapide : repiquer un plant au mois de mars. Cueille les feuilles une par une au fur et à mesure de tes besoins. Une fois en place, le persil repousse sans problème, parfois même en hiver.

*Cuisine : finement haché, il aromatise de nombreux plats poêlés.*

POUR ACCÉLÉRER LA GERMINATION DES GRAINES DE PERSIL, LAISSE-LES TREMPER PENDANT QUELQUES HEURES DANS DE L'EAU AVANT DE LES SEMER.

## LA CORIANDRE

Chaque année, les graines se sèment très facilement entre mars et juin ou en septembre-octobre, dans un endroit bien ensoleillé. Les feuilles se récoltent selon les besoins, comme les graines, ramassées un peu avant maturité.

*Cuisine : les feuilles sont délicieuses pour aromatiser les légumes, et les graines sont très employées dans la cuisine indienne pour réaliser des currys.*

PAS BESOIN D'ACHETER DES GRAINES DE CORIANDRE PAR PETITS SACHETS DANS LES JARDINERIES : CELLES QUI SONT VENDUES DANS LES BOUTIQUES D'ÉPICES GERMENT TRÈS BIEN !

LES JOLIES GRAPPES DE FLEURS JAUNES DE L'ANETH PEUVENT FAIRE DE TRÈS BEAUX BOUQUETS...

## L'ANETH

Il se sème d'avril à juin, l'idéal étant d'en semer un peu tous les 15 jours pour avoir des plantes fraîches sous la main en permanence de juillet à octobre. Cueille les feuilles avant le stade de la floraison.

*Cuisine : succulent pour parfumer des salades de concombres ou de tomates.*

Les feuilles de mélisse sèches, infusées dans l'eau d'un bon bain chaud, le parfumeront agréablement.

## La mélisse

Achète un petit pied dans une jardinerie, à planter en avril-mai ou en septembre-octobre, un peu à l'ombre. Cueille les feuilles fraîches selon tes besoins, si possible après la floraison de l'été.

*Cuisine : les feuilles sont à déguster fraîches, hachées dans les salades ou les soupes.*

## La menthe

De mars à juin, procure-toi une tige avec des racines auprès d'un jardinier qui sera heureux de s'en débarrasser. Plante-la dans un pot large de 20 cm… et laisse-la pousser toute seule. Dès que les tiges dépassent 15 cm, coupe à ras.

*Cuisine : son parfum sucré est rafraîchissant, même en infusions ou en tisanes brûlantes…*

Ne plante pas directement la menthe au jardin, mais enterre le pot. Ainsi, elle n'envahira pas toutes tes plates-bandes…

Plante 4 pieds de basilic autour d'un plant de tomate. Tu auras le temps de réaliser 2 ou 3 cueillettes avant que la tomate ne fasse trop d'ombre.

## Le basilic

À semer chaque année dans une caissette remplie de terreau à partir d'avril jusqu'en juillet. Un mois après le semis, repique les plants dans le jardin. Il est important de ne pas le laisser fleurir. Coupe le bout des tiges supérieures pour empêcher cette floraison.

*Cuisine : délicieux dans une salade de tomates.*

# GRAND JEU DES PARFUMS

BRICOLAGE

Tout l'été, il suffit d'un petit rayon de soleil pour que le jardin offre une diversité de parfums tout à fait étonnante... C'est l'occasion d'en faire un grand jeu pour toute ta famille !

**IDÉES DE PARFUMS**

POUR LE PRINTEMPS : TERRE, HERBE COUPÉE, VIOLETTE, MENTHE, THYM, VERVEINE CITRONNÉE, ROMARIN, MUGUET, LILAS, THUYA, PRIMEVÈRE, ROSE, JONQUILLE, JACINTHE...
POUR L'ÉTÉ : MENTHE, THYM, ROMARIN, THUYA, ROSE, CHÈVREFEUILLE, ALYSSE, LAVANDE, AIL, CIBOULETTE, SAUGE, PERSIL, FRAISE...

**VARIANTE**

TU PEUX METTRE EN PLACE LE MÊME JEU AVEC LES PARFUMS DE LA CUISINE, EN TE SERVANT DES ÉPICES ET DES LÉGUMES ACHETÉS AU MARCHÉ.

1

Récolte au jardin la valeur d'une bonne poignée de 8 plantes (aromates, fleurs ou légumes) aux parfums très différents, en faisant attention de ne pas les mélanger. Pour faciliter le séchage des plantes, enlève les parties vertes (tiges, feuilles...) ou très charnues.

2

Dispose-les bien à plat sur un plateau et fais-les sécher, au soleil ou très doucement au four.

3

Prépare 8 pots de yaourt opaques : lave-les soigneusement et enlève les étiquettes. Lorsque les pots sont secs, place dans chacun d'eux une des 8 plantes sèches.

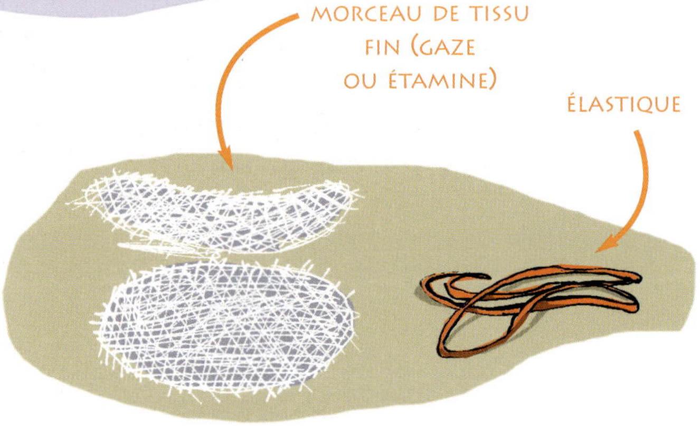


4

Découpe des pièces rondes de tissu très fin (de la gaze, par exemple), pour recouvrir chaque pot. Maintiens le tissu par un élastique. Ainsi, les participants à ton jeu pourront sentir sans voir le contenu.

5

Colle sur le fond de chaque pot une étiquette adhésive avec le nom de la plante qu'il contient.

6

Réunis tes amis, tes parents, tes frères et sœurs… Fais sentir à chacun les pots et indique-leur de quelle plante il s'agit.

7

Maintenant, mélange bien les pots. Le jeu commence… Chaque joueur sent un à un les pots et note les parfums qu'il a reconnus.

8

C'est le moment des résultats : compte un point par parfum bien identifié… et ouvre les pots pour bien vérifier !

## LA GRANDE TOUR DES AROMATES

1

Choisis 5 pots en terre de tailles différentes et remplis-les de terreau jusqu'à environ la moitié.

2

Commence par installer dans le plus grand pot une plante aromatique qui aime le frais, comme la menthe, le persil, le basilic.

3

Enfonce bien le deuxième pot dans la terre du premier et complète avec de la terre tout autour.

4

Continue ainsi jusqu'au sommet de ta tour, en gardant pour les derniers étages les plantes aimant la chaleur (le thym ou la sauge).

# TON JARDIN SCIENTIFIQUE

JARDINS SPÉCIAUX

La botanique, ça n'est pas réservé aux savants explorant la forêt amazonienne ou plongeant le nez dans leurs livres ! Tout jardinier, en observant attentivement les plantes de son jardin, peut comprendre bien des choses sur leur façon de vivre...

## TUTEURS POUR GRIMPANTES

De nombreuses plantes, comme la capucine, ont besoin de supports pour grimper. En leur offrant des bambous ou des branches droites, tu pourras observer leur façon de s'enrouler, de se coller, de s'agripper... pour monter toujours plus haut.

## TRÈFLE FIXATEUR

Le trèfle pousse très bien, alors tu peux te permettre d'en arracher un petit pied. Tu découvriras alors de drôles de boules entre ses racines : ce sont des réserves d'azote, que le trèfle a extrait du sol pour le stocker.

## LES PLANTES TRANSPIRENT

Un jour de grand soleil, enferme une petite plante verte dans un sachet plastique et patiente quelques heures. De la buée va peu à peu recouvrir l'intérieur du sac. Eh oui, les feuilles de la plante transpirent à la chaleur : une partie de leur eau s'évapore par des petits trous appelés « stomates ».

## TOURNESOL TOURNANT

On raconte que les fleurs de tournesol suivent la course du soleil. Or, si tu les surveilles attentivement, tu constateras que ce n'est pas tout à fait vrai. Si les boutons floraux y arrivent très bien, les grosses fleurs jaunes, trop lourdes, ne suivent plus le soleil !

*Le tournesol suit-il, comme son nom l'indique, la course du soleil ?*

## COURGE GRAVÉE

SI TU GRAVES LA PEAU D'UNE JEUNE COURGE AVEC UNE POINTE FINE, CES GRIFFURES VONT GRANDIR ET PRENDRE DU RELIEF. LA COURGE SE PROTÈGE AINSI DES MICROBES EXTÉRIEURS, EN FABRIQUANT UNE SORTE DE LIÈGE ÉTANCHE.

## MARGUERITE CAMÉLÉON

Cueille une marguerite et trempe le bout de la tige dans de l'encre colorée. Laisse-la ainsi pendant quelques heures… jusqu'à ce que la couleur te plaise. Car celle-ci va changer !

*Changer la couleur des fleurs…*

MIEUX ENCORE : SÉPARE LA TIGE EN DEUX DANS LE SENS DE LA LONGUEUR JUSQU'À LA MOITIÉ DE LA TIGE. EN TREMPANT LES DEUX EXTRÉMITÉS DANS DEUX ENCRES DE COULEURS DIFFÉRENTES, TU VAS OBTENIR UNE FLEUR BICOLORE !

# L'AUTOMNE

*Quelques herbes folles colorées,*
*des légumes joufflus pour cuisiner,*
*des grosses graines pour bricoler,*
*des petites bêtes pour enrichir le sol...*
*Pas de doute, la nature d'automne*
*sait se montrer généreuse.*
*À toi d'aller à sa rencontre...*

TRAVAUX DE SAISON

# JARDIN D'OCTOBRE

SEMELLES VERTES

*Des graines, il y en a partout à la surface du sol, attendant les bonnes conditions pour germer. Pars le vérifier… en te baladant !*

En ce moment, les jardins sont visités par une foule d'animaux : oiseaux, insectes, hérissons… Catastrophe ! Ils vont voler tes récoltes ? Pas du tout, si tu as réalisé quelques plantations spécialement pour eux : des tournesols, du mouron, des arbustes à fruits… Et ainsi, grâce à toutes ces « sucreries » naturelles, tu vas te faire des tas d'amis !

Après une bonne pluie, pars en balade en forêt ou sur un chemin de terre, sans équipement particulier. À la fin de ta promenade, récupère soigneusement toute la terre boueuse qui est restée collée à tes chaussures et place-la dans une petite barquette.

Installe cette minijardinière dans un endroit chaud et ensoleillé, arrose bien et attends quelques jours… Les graines que tu as récoltées sous tes pieds vont germer rapidement et tu auras bientôt un petit jardin sauvage plein de surprises.

## À FAIRE AUSSI EN OCTOBRE…

CITROUILLE

- Début octobre, récolter pommes et poires.
- Faire un dernier semis de radis de 18 jours.
- Mi-octobre, rentrer les plantes d'intérieur.
- Planter les bulbes de narcisses et de tulipes pour le printemps suivant.
- Fin octobre, faire mûrir les dernières récoltes (les tomates vertes finiront de mûrir dans le garage).
- Choisir la plus belle citrouille pour Halloween.

## GRAINES D'ARBRES

*Des glands, des marrons, des châtaignes, des faines de hêtre… En ce moment, les arbres se délestent de leur cargaison de graines. Profites-en !*

Châtaigne

1 Prends le temps de bien choisir tes graines : ramasse uniquement celles qui ne sont ni rongées ni percées, et qui te semblent gonflées de réserves.

2 Malgré cela, ne t'attends pas à des miracles : toutes tes graines d'arbres ne germeront pas. Et surtout, avant de se lancer dans l'aventure, elles vont laisser passer l'hiver.

3 Installe-les donc confortablement dans des pots au fond rempli de sable et complétés avec un mélange de terreau et de terre. Arrose un peu, dépose un sac en plastique dessus et laisse-les au frais pendant plusieurs semaines.

Tu peux mettre plusieurs graines par pot, mais au printemps prochain, quand les premières feuilles seront sorties, il faudra choisir et ne garder dans chaque pot que la plus belle pousse.

*Ensuite, à l'automne suivant, il te restera à planter ta miniforêt dans un coin du jardin bien dégagé et à attendre que tes arbres deviennent… centenaires !*

## UNE ROCAILLE ESCARGOT

*Installer des plantes de montagne dans ton jardin n'est pas difficile : il te suffit de créer une minirocaille pour accueillir ces plantes et de lui donner une forme rigolote… en coquille d'escargot.*

Aster

Pour cela, tu as besoin d'un premier bout de bois de 5 cm de diamètre et d'environ 20 cm de long, terminé par une fourche : ce seront les cornes de l'escargot. Un second morceau de bois, plus court, fera la queue.

1 Délimite au sol un cercle de 30 cm de diamètre, déposes-y un petit dôme de sable. Installe le bois qui imite la tête, tu peux y coller des petits cailloux pour les yeux.

2 À l'opposé, dispose la queue légèrement en oblique. Recouvre le sable d'un peu de terreau (très peu), puis de mousse.

3 Dispose enfin une rangée de petits cailloux en colimaçon et arrose légèrement.

Ta rocaille escargot est prête à accueillir des plantes. Au choix : des asters, des campanules, des gentianes, des œillets, des saxifrages…

*Attention, de nombreuses plantes de montagne sont protégées…*

# Les habitants clandestins de la maison

IDENTIFICATION

Discrètement, de nombreux petits animaux se réfugient jusque dans nos maisons, y trouvant de la nourriture en abondance, ou un abri tranquille pour l'hiver. À toi de les découvrir… et d'apprendre à vivre avec.

## La chrysope

La chrysope est toute discrète, elle est pourtant somptueuse, avec son corps vert et ses yeux dorés. Elle vient hiverner en petit groupe dans les maisons, derrière les volets, dans les garages… Mais dès que les beaux jours reviennent, elle cherche à sortir du bâtiment. Protège-la : au printemps, elle te le rendra bien en dévorant les pucerons de ton jardin.

*Taille : 1,8 mm avec ses ailes repliées.*

## La mouche

La mouche ne pique pas, mais avec sa trompe, elle lèche les aliments ou aspire les liquides. À éviter, car elle peut ainsi transmettre des bactéries qui provoquent des maladies…

*Taille : 9 mm.*

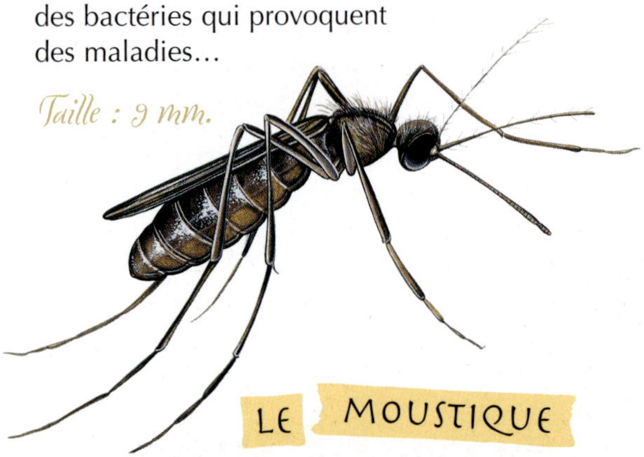

## Le moustique

« Bzzzz… » Qu'il est énervant, ce moustique femelle, qui nous bourdonne aux oreilles, attendant la bonne occasion pour nous piquer le bras et nous pomper un peu de sang…

*Taille : à peine 7 mm sans les pattes.*

## LA MITE

En hiver, les mites ne sont pas gênantes, car elles dorment profondément sous forme de chrysalides. Mais à la belle saison, les larves dévorent les vêtements de laine dans les armoires…

*Taille : 1 cm ailes repliées.*

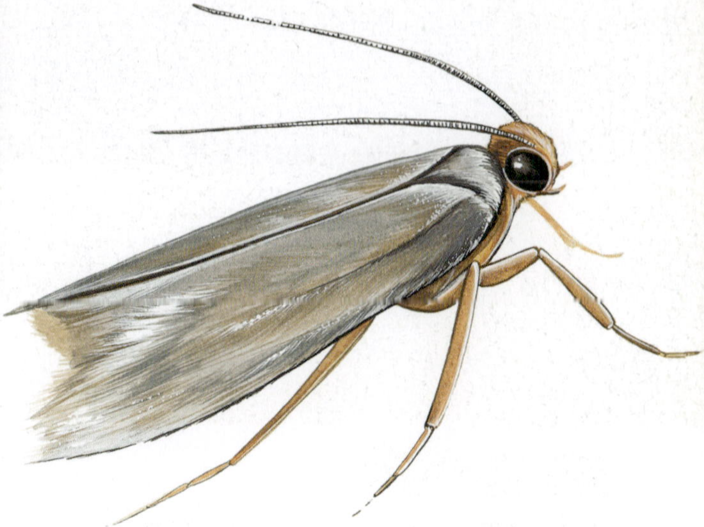

## LE TERMITE

On ne les voit pratiquement jamais, car ils vivent à l'intérieur des poutres du grenier, dans les vieilles maisons du sud-ouest de la France : ce sont les termites, et mieux vaut ne pas en héberger, car ils font de gros dégâts…

*Taille : 4 mm pour les ouvriers, 8 mm pour la reine de la colonie.*

Dans la chambre, certaines petites bêtes gloutonnes attendent patiemment le calme de la nuit pour se nourrir sur nos vêtements… ou sur nous-mêmes !

## LA BLATTE

La blatte n'est pas difficile : elle grignote tout ce qu'elle trouve, pain, déchets, ce qui n'est pas très hygiénique… Elle vit souvent dans les tuyauteries et les conduites d'aération, ne sortant que la nuit car elle déteste la lumière.

*Taille : 2 cm.*

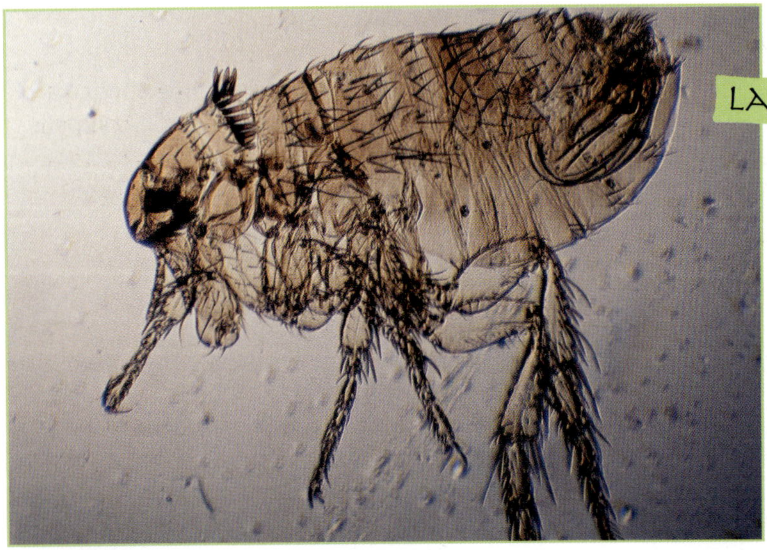

## LA PUCE

Tu as un chat ou un chien baladeur…
Alors un jour ou l'autre, il fera entrer quelques puces piqueuses dans ta maison. Elles se nourrissent aux dépens de nos amis les animaux.

*Taille : péniblement 3 mm…*

## LE PHOLCUS

La petite araignée *Pholcus* est tellement discrète que l'on ne la remarque jamais, alors qu'elle est présente pratiquement dans toutes les maisons. Cherche bien dans les angles des murs, derrière les meubles, il y en a à coup sûr quelques-unes chez toi…

*Taille : 1 cm seulement pour le corps, mais 9 cm avec les pattes !*

### PITIÉ POUR LES ARAIGNÉES

On ne les aime pas beaucoup, on a pourtant bien tort… D'abord parce que les araignées qui vivent dans les maisons ne piquent pas. Ensuite parce que c'est grâce à leurs grandes toiles que nous passons des nuits tranquilles : elles capturent de nombreux moucherons et autres moustiques indésirables. Alors laissons-les un peu tranquilles…

La cuisine offre un festin à de nombreux insectes de passage : guêpes, abeilles et fourmis se régalent d'un sucre abandonné ou d'un pot de confiture mal fermé.

## LA FAUSSE TEIGNE

Dans un vieux paquet de farine oublié dans un coin, vivent parfois les larves de la fausse teigne…

*Taille : à peine 8 mm.*

## L' OPILION

L'opilion est encore appelé « faucheux », sans doute à cause de ses pattes immenses par rapport à son petit corps. Il ressemble beaucoup au *Pholcus*, mais lui vit plutôt dans les caves pas trop humides et les jardins. Il ne pique pas.

*Taille : 7 mm pour le corps, 6 cm avec les pattes…*

## LA TÉGÉNAIRE

La tégénaire est impressionnante avec ses 6 cm, mais elle est inoffensive et bien utile : elle capture avec sa grande toile très solide de nombreux petits insectes indésirables, notamment des mouches.

*Taille : 1,5 cm (5 cm avec les pattes…).*

LES CAVES SOMBRES ET HUMIDES NE SONT PAS TRÈS AGRÉABLES… SAUF POUR LES ANIMAUX, COMME LES CLOPORTES QUI APPRÉCIENT L'HUMIDITÉ ET LES TEMPÉRATURES STABLES.

## LA PUNAISE

Gare aux vieux lits en bois : la punaise des lits peut y trouver refuge et en sortir la nuit pour mordre les personnes endormies et leur sucer le sang. Rien de grave (elle ne transmet pas de maladie), mais franchement pas agréable…

*Taille : 5 mm à peine.*

# LES PLANTES CHASSE-BÉBÊTES

PLANTES UTILES

L'été a beau s'achever, les insectes n'en finissent pas d'envahir ta maison... Quels sans-gêne ! Heureusement, la nature a inventé de nombreuses plantes « chasse-bébêtes ».

## LA LAVANDE

Peut-être as-tu déjà vu, chez toi, des sachets enfouis dans le linge des armoires, des sachets qui sentent bon la Provence : ils sont pleins de lavande sèche et protègent efficacement les vêtements en laine des mites depuis de nombreux siècles ! Sans eux, les mites gloutonnes feraient rapidement de nombreux petits trous dans tous tes pulls...

*La lavande fait fuir les mites.*

## LE CLOU DE GIROFLE

Même si tu fermes la fenêtre chaque soir, rien n'y fait, les moustiques trouvent quand même le moyen de rentrer et de t'empêcher de dormir... Essaie les clous de girofle plantés serrés dans une orange fraîche. Pose-la sur ta table de nuit et, en un jour ou deux, les moustiques devraient disparaître.

*Le clou de girofle fait tiquer les moustiques.*

## LE BASILIC

C'est en automne que de nombreuses mouches choisissent de rentrer dans les maisons pour hiberner. Il existe un bon moyen de limiter les invasions : place un pot de basilic frais devant chaque fenêtre. Pense aussi à protéger les oiseaux insectivores qui vivent près de chez toi, chacun d'eux mange des dizaines de mouches par jour !

*Le basilic chasse les mouches.*

## LE CITRON

Quelques gouttes de citron répandues sur le passage des fourmis peuvent suffire à les chasser. Et si elles insistent, n'hésite pas à laisser des quartiers entiers de citron traîner dans les endroits stratégiques ! Enfin, pour éviter toute nouvelle intrusion, pense à mettre hors de portée de ces petites bêtes tout ce qui peut présenter des traces de sucre…

## L' AIL

Les charançons s'attaquent aux graines de céréales stockées en vrac et les grignotent jusqu'à la dernière. Pour éviter leurs dégâts, il suffit de mettre dans les sacs des gousses d'ail écrasées. Les petites bêtes ont horreur de cette odeur, et en plus, le goût de l'ail ne sera pas transmis aux aliments.

*L'ail renvoie les charançons.*

## LA TOMATE

Comme les mouches, les punaises nous incommodent en automne et en hiver, lorsqu'elles rentrent dans les maisons pour profiter de la chaleur. Pour éviter toute intrusion, il faut mettre des feuilles vertes de tomates sous le lit et les meubles… Et si elles sont déjà dans la place, essaie l'huile de lavande pour les chasser.

*La tomate repousse les punaises.*

### LIMITES

LA PLUPART DE CES « TRUCS » NE SONT EFFICACES QUE S'ILS SONT MIS EN PLACE AVANT LES INVASIONS D'INSECTES. EN CAS D'ENVAHISSEMENT BRUTAL, MIEUX VAUT AVOIR RECOURS À DES REMÈDES PLUS RADICAUX !

# FABRIQUE TES TEINTURES VÉGÉTALES

ARTISTE EN HERBE

Dans leurs feuilles, leurs écorces ou leurs graines, les plantes sauvages cachent un trésor de couleurs… Comme autrefois, redécouvre le secret des teintures végétales pour colorer des tissus… au naturel.

1

## RÉCOLTER

L'aventure commence… par une balade. Tu vas recueillir :

- *du lichen pour avoir du rose ;*

- *des baies de sureau pour le mauve ;*

- *des feuilles de lierre pour le vert ;*

- *de l'écorce de bouleau pour le beige ;*

- *des feuilles du même arbre pour le jaune ;*

- *de l'écorce de chêne pour le brun.*

2

## « MORDRE » LA LAINE

Avant de commencer, il faut traiter le tissu avec un « mordant », sinon la teinture ne tiendrait pas. Dans une vieille casserole, dissous 100 g d'alun (à trouver dans une pharmacie ou une droguerie) dans 2 l d'eau et dépose environ 500 g de tissu (fais-en plusieurs morceaux pour avoir plusieurs teintes). Porte à ébullition pendant environ 45 min, puis laisse refroidir.

*Pour chaque teinte que tu veux obtenir, il te faut le même poids de plante que de laine à teinter.*

3

## PRÉPARER LA TEINTE

Pendant ce temps, choisis une des plantes récoltées et hache-la le plus finement possible, pour qu'elle exprime au mieux sa teinte. Plonges-en une cinquantaine de grammes dans une autre casserole remplie de 2 l d'eau. Fais bouillir.

*Recommence les étapes 3 et 4 avec autant de plantes différentes que tu désires obtenir de teintes.*

BLEU PASTEL

Le pastel toulousain, d'un bleu particulier, est utilisé pour colorer le bois.

4

## COLORER

Retire un tissu du mélange eau-alun, égoutte-le et trempe-le dans ta « potion » végétale frémissante. Ajoute une cuillerée de sel (cela avivera les couleurs), laisse cuire pendant 30 min en remuant de temps en temps. Ton tissu aura alors pris de belles couleurs, qui s'éclairciront un peu au séchage.

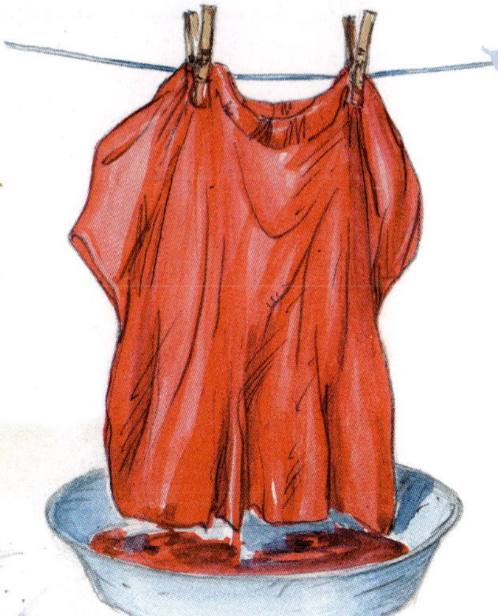

## PALETTES NATURELLES

À L'ÉPOQUE OÙ LES TEINTURES CHIMIQUES N'EXISTAIENT PAS, PRESQUE TOUTES LES MATIÈRES COLORANTES POUR TEINDRE DES FILS DE LAINE ET DE SOIE AINSI QUE DES TISSUS ÉTAIENT FOURNIES PAR DES PLANTES SAUVAGES : ROUGE AVEC LA GARANCE, JAUNE D'OR AVEC LE GENÊT DES TEINTURIERS, VIOLET AVEC LE BOIS DE CAMPÊCHE, VERT AVEC LE CURCUMA, FAUVE AVEC LE NOYER, BLEU AVEC L'INDIGO INDIEN OU LE PASTEL TOULOUSAIN… NOS ANCÊTRES UTILISAIENT AUSSI LE BOIS DE SANTAL, LA CAMOMILLE, LE CERISIER, L'AMANDIER, LA BOURDAINE, LE BOIS DE BRÉSIL, LA BRUYÈRE, LE FIGUIER, LA NOIX DE GALLE…

IDENTIFICATION

# Les arbres des villes

Le long des rues, dans les parcs, sur les places, les jardiniers ont planté des arbres venus des quatre coins du monde. Aujourd'hui, ces arbres nous offrent donc une belle collection de fruits étranges à admirer, pour rêver de pays lointains...

## Le cèdre du Liban

Cet arbre semble tant apprécier la ville qu'il se met à fleurir… en plein automne ! C'est le seul conifère au monde à agir ainsi (avec les 3 autres espèces de cèdres, ses cousins), et bien malin celui qui pourrait dire pourquoi.

SES FRUITS…
… SONT DES CÔNES DE 8 CM DRESSÉS VERS LE HAUT. AU FIL DU TEMPS, LES ÉCAILLES DES CÔNES TOMBENT UNE À UNE, LIBÉRANT LES GRAINES QUI SE CACHENT DESSOUS.

## Le cyprès chauve

Chaque année, à la fin de l'automne, c'est la même chose : on a l'impression que ce conifère est en train de mourir, car il perd toutes ses aiguilles… Pas d'affolement, c'est normal, et ce bel arbre originaire de Floride, en Amérique, retrouvera sa splendeur dès le printemps suivant.

SES FRUITS…
… SONT DES PETITS CÔNES RONDS DE 2 À 3 CM, D'ABORD VERTS PUIS BRUNS.

SES FRUITS…
… SONT DE DRÔLES DE BOULES « POILUES » DE 5 CM DE DIAMÈTRE. ELLES SONT EN FAIT COMPOSÉES DE CENTAINES DE GRAINES PLUMEUSES, QUI SE DÉTACHENT ET S'ENVOLENT À L'AUTOMNE.

## Le platane

Voici le roi de la ville. Cet arbre originaire du Moyen-Orient est tellement apprécié par les jardiniers urbains qu'on le rencontre partout sur les places et le long des avenues des cités du sud de la France, où ses grandes feuilles procurent une ombre bienvenue en été.

SES FRUITS...
... SONT DES CÔNES BRUNS DRESSÉS, QUI TOMBENT AU SOL AU COURS DE L'HIVER, LIBÉRANT LEUR TRÉSOR : DES GRAINES ROUGES BRILLANTES.

## LE SÉQUOIA GÉANT

Cet arbre immense peut atteindre plus de 100 m de hauteur dans ses forêts d'origine, en Amérique du Nord ! Chez nous, il orne les parcs publics de sa haute silhouette toujours verte, de façon plus modeste, mais en étant tout de même, la plupart du temps, le plus grand arbre de nos cités.

SES FRUITS...
... SONT DES CÔNES DE 5 CM DE LONG, D'ABORD VERTS ET BIEN FERMÉS, QUI S'OUVRENT ENSUITE ET DEVIENNENT BRUNS EN SÉCHANT, LIBÉRANT ALORS DES PETITES GRAINES.

## LE MAGNOLIA

Arrivé de Floride, il orne les parcs et jardins publics de ses longues feuilles épaisses et vernies sur le dessus. Au printemps, il offre ses grandes fleurs roses, qui ressemblent un peu à des tulipes.

## LE MARRONNIER

Le long des avenues, sur les places, dans les cours des écoles... On rencontre presque partout en ville ce grand arbre venu du Proche-Orient, qui se couvre chaque printemps de feuilles composées et de superbes grappes de fleurs blanches.

SES FRUITS...
... SONT DES GROSSES BOGUES PIQUANTES RENFERMANT UN MARRON. À NE PAS CONFONDRE AVEC LES CHÂTAIGNES, FRUITS DU CHÂTAIGNIER, QUI, ELLES, SONT COMESTIBLES...

## LE ROBINIER FAUX ACACIA

Depuis son arrivée chez nous il y a 400 ans, cet arbre originaire d'Amérique a tout envahi : les parcs, le bord des chemins, les talus, les petits bois… Tant mieux, car ses fleurs blanches, en grappes, offrent au mois de mai un parfum délicieux, et sont idéales pour cuisiner de délicieux beignets !

SES FRUITS… … SONT DES GOUSSES BRUNES RENFERMANT DES PETITES GRAINES NOIRES.

## L' ORME

Autrefois familier des places et des parcs, il était la troisième espèce urbaine d'arbre, après les platanes et les marronniers. Il a pourtant failli complètement disparaître dans les années 70, victime de la graphiose, terrible maladie de l'orme, due à un champignon microscopique. Il est donc aujourd'hui bien rare en ville…

SES FRUITS… … SONT DES « SAMARES », PETITES GRAINES SÈCHES APLATIES ET ENTOURÉES D'UNE AILE ARRONDIE, QUE L'ON VOIT EN GRAPPES SUR L'ARBRE EN ÉTÉ.

## LE GINKGO BILOBA

Cet arbre a de superbes feuilles : non seulement elles sont en forme de mini-éventail, mais en plus, elles virent au jaune doré en automne. Originaire de Chine, c'est un des plus vieux êtres vivants au monde : il est apparu sur Terre il y a plusieurs dizaines de millions d'années.

SES FRUITS… … SORTES DE MIRABELLES BRUNES QUI TOMBENT À L'AUTOMNE, DÉGAGENT UNE ODEUR ABOMINABLE D'EXCRÉMENT DANS LES SQUARES OÙ IL POUSSE !

## LE MICOCOULIER

C'était autrefois un arbre planté dans presque tous les villages du sud de la France, car son bois est parfait pour faire des manches d'outils. Aujourd'hui, on le retrouve encore par-ci, par-là, le long d'avenues, qu'il ombrage de son fin feuillage.

SES FRUITS…
… SONT DES PETITES BILLES EN GRAPPES, D'ABORD VERTES, PUIS ROUGES, PUIS NOIRÂTRES. ET ELLES SONT… COMESTIBLES !

## LE CATALPA

Cet arbre venu d'Amérique se remarque bien dans les parcs à sa haute silhouette bien arrondie en dôme. De près, tu remarqueras son écorce brun pâle qui se détache par plaques et ses feuilles géantes (30 cm !)… qui dégagent une odeur désagréable quand on les froisse.

SES FRUITS…
… MÛRS EN SEPTEMBRE, RESSEMBLENT À DE LONGS HARICOTS BRUNS, QUI S'OUVRENT EN 2 POUR LIBÉRER LEURS GRAINES AU PRINTEMPS SUIVANT.

SES FRUITS…
… SONT TRÈS DIFFÉRENTS DE CEUX DU CATALPA : CE SONT DE GROSSES BOULES VERTES POINTUES, QUI BRUNISSENT AU FIL DE L'AUTOMNE.

## LE PAULOWNIA

Il ressemble au catalpa et pourtant, c'est de Chine qu'il est arrivé. De plus, ses fleurs violettes surgissent en grappes dès le mois de mai, avant les feuilles, alors que celles du catalpa, blanches, apparaissent en juin ou juillet, après les feuilles.

# UN ARBRE DANS LA VILLE

ENQUÊTE NATURE

Les arbres de notre rue, qu'on oublie trop souvent, ont de nombreuses histoires à te raconter : celle de leur origine, parfois lointaine, mais aussi celle de leur état de santé. Deviens donc le « médecin » des arbres !

## ARBRE COMMENT VAS TU ?

Petite enquête pour faire le bilan de santé des arbres de ta rue.

| | OUI | NON |
|---|---|---|
| IL A LE PIED BITUMÉ, CE QUI LUI EMPÊCHE DE PROFITER DE L'EAU DE PLUIE. | | |
| IL A LE PIED PRIS DANS UNE GRILLE QUI ÉTOUFFE SES RACINES. | | |
| À SA BASE, LE SOL EST TASSÉ. | | |
| IL Y A UN PARCMÈTRE, OU UN TROTTOIR, À SA BASE, QUI GÊNE SES RACINES. | | |
| CERTAINES DE SES BRANCHES SONT SANS FEUILLES. | | |
| IL N'A PAS DE DRAIN (TUYAU) POUR LUI APPORTER DE L'EAU. | | |
| S'IL A ÉTÉ ÉLAGUÉ, ON LUI A COUPÉ DE TRÈS GROSSES BRANCHES. | | |
| LES PARTIES ÉLAGUÉES SONT SANS BADIGEON DE GOUDRON PROTECTEUR. | | |
| IL A DE NOMBREUSES BLESSURES SUR SON ÉCORCE (ÉRAFLURES, CLOUS...). | | |
| DES CHAMPIGNONS SE DÉVELOPPENT SUR SON ÉCORCE.). | | |
| IL PORTE DES FILS ÉLECTRIQUES OU TÉLÉPHONIQUES. | | |
| IL PORTE DES PANNEAUX. | | |

*Nombre de oui .....* *Nombre de non .....*

Si ton arbre a plus de non que de oui, il est en bonne santé. Sinon, il faut t'inquiéter, sensibiliser tes voisins et prévenir le service des espaces verts de ta ville.

## ARBRE D'OÙ VIENS TU ?

Si tu vivais il y a 3 siècles, tu n'aurais pas rencontré tous ces arbres, car la plupart ont été importés d'Amérique ou d'Asie. Retrouve leur origine et, sur une carte du monde, localise-les en dessinant leur silhouette.

### SAVONNIER

Pars en balade en Chine (son pays d'origine) en découvrant le savonnier, aux branches couvertes de petits lampions reliés entre eux comme sur un mobile.

## ARBRE QUI ES TU ?

Sur la souche d'un arbre coupé, on peut lire toute sa vie passée. Et d'abord son âge, en comptant le nombre d'anneaux (appelés « cernes »), puisque l'arbre en a « fabriqué » un chaque année. On peut aussi découvrir à quels moments sa croissance a été ralentie, à cause d'une période de sécheresse, d'un coup de gel ou d'un manque de lumière, car les cernes sont alors plus serrés. À l'inverse, des anneaux très espacés indiquent des années de forte croissance.

## COLLECTIONS VIVANTES

Au XVIII$^{e}$ et XIX$^{e}$ siècle, les savants botanistes européens ont créé de nombreux parcs urbains pour accueillir leurs « collections vivantes » d'arbres du monde entier.

## ARBRE QUI ES TU ?

Pas facile de déterminer le nom de tous les arbres en ville : il y a parfois plus d'espèces et de variétés que dans une forêt, avec tous ceux d'origine lointaine et les variétés ornementales ! Utilise un guide des arbres du monde. Récolte (modérément) un morceau d'écorce, un bourgeon, une fleur, une feuille, et classe le tout dans un « cahier de ma rue ».

CUISINE SAUVAGE

# PÂTE À TARTINER AUX NOISETTES

Mmm ! Quel régal, cette pâte de noisettes et de chocolat… Et c'est encore meilleur quand on la fait soi-même, non ? En moins d'un quart d'heure, tu peux en effet te préparer de quoi garnir tes tartines.

**INGRÉDIENTS**

- 200 G DE NOISETTES NON DÉCORTIQUÉES
- 120 G DE MIEL
- 120 G DE BEURRE
- 2 CUILLÈRES À SOUPE DE POUDRE DE CACAO PUR (SANS SUCRE, SINON DOUBLE LA DOSE)

**USTENSILES**

- UN FOUET
- UN GRAND BOL
- UN MIXEUR
- UN POT À CONFITURE

1

Casse et décortique les noisettes (et ne mange pas tout !), il doit t'en rester au moins 100 g.

2

Ensuite, broie-les finement dans le mixeur.

3

Fais fondre le beurre doucement au bain-marie : coupe-le en petits morceaux, place-le dans un grand bol que tu mettras dans une casserole d'eau posée sur le feu.

4

Quand le beurre est fondu, ajoutes-y le miel et mélange bien le tout au fouet. Ajoute la poudre de noisettes et celle de cacao, mélange à nouveau avec le fouet.

## HISTOIRES DE NOISETTES

SI UN JOUR TU TE RETROUVES À TABLE À CÔTÉ DE QUELQU'UN QUI A BIEN MANGÉ, TU POURRAS LUI DIRE, COMME ON LE DISAIT AUTREFOIS : « TU ES ROND COMME UNE NOISETTE ! »

### VARIANTE

Pour changer, remplace les noisettes par des noix ou des amandes.

Dans le langage des fleurs, le noisetier symbolise la paix et la réconciliation. Alors si tu t'es fâché avec un ami, pour te raccommoder avec lui, offre-lui des noisettes… ou un pot de ta pâte !

5

Verse ton mélange dans un pot à confiture avec un couvercle étanche. Laisse refroidir avant de déguster.

*Et si tu ne manges pas tout immédiatement (mieux vaut éviter…), conserve ta pâte de noisettes au réfrigérateur.*

LE NOISETIER

## NOISETIER MAGIQUE

Le noisetier possède des pouvoirs « surnaturels » : grâce à lui, les sourciers sont capables de déceler la présence d'eau dans le sol sans creuser, uniquement en tenant une fourche de noisetier entre leurs mains…

Pour savoir si, toi aussi, tu as le don de sourcier, choisis une belle fourche régulière de noisetier, de 30 cm de long, en forme de Y. Prends une extrémité de la fourche dans chacune de tes mains, paumes tournées vers le ciel. Tiens fermement la baguette horizontalement devant toi et quadrille le terrain à explorer en te déplaçant lentement. Si tu es sensible, lorsque tes pas croiseront une source, la baguette va tourner toute seule vers le haut ou vers le bas.

# AU FIL DE LA HAIE

Barrière naturelle, abri pour de nombreux insectes, restaurant pour les oiseaux, coupe-vent pour les cultures, ombre bienfaisante pour les vaches…
Pas de doute, la haie est vraiment utile.
Raison de plus pour bien la connaître.

## L'ÂGE D'UNE HAIE

Certaines haies de nos campagnes qui bordent les champs ou les chemins creux existent depuis le Moyen Âge !
Mais comment savoir leur âge ? Tu peux y chercher les arbres les plus vieux et tenter de déterminer leur ancienneté, tu peux interroger les personnes âgées de la région, fouiller dans les archives…
Il existe aussi un moyen beaucoup plus simple, et relativement juste : il te suffit de compter sur 20 m de longueur de haie le nombre d'espèces d'arbustes et d'arbres différents, et de multiplier le nombre obtenu par 100 ans.
Résultat impressionnant, non ?

## LA DIVERSITÉ D'UNE HAIE

Dans de nombreux jardins, d'étranges haies ont été plantées, faites d'une seule et unique espèce d'arbre et taillées géométriquement. On dirait des murs verts, et elles sont bien pauvres en faune et en flore…
Heureusement, dans la campagne, il existe encore de belles haies riches et variées. À toi de les trouver et de leur donner une note en richesse biologique.

| | Oui | Non |
|---|---|---|
| Cette haie a à la fois des grands arbres et des petits arbustes. | | |
| Il y a au moins 5 espèces d'arbres et arbustes différentes sur 10 m de long. | | |
| Il y a au moins 2 espèces d'arbustes à fruits sur 10 m de long. | | |
| Il y a au moins 10 espèces différentes de plantes sauvages poussant à sa base. | | |
| Il y a au moins 1 vieille souche. | | |
| Il y a des tas de feuilles mortes à sa base. | | |
| On peut y voir au moins 1 nid d'oiseau ou 1 abri de mammifère. | | |
| On peut y voir des petits passages à la base (ce sont les « coulées » d'animaux sauvages). | | |
| Il y a au moins 8 espèces d'insectes, d'araignées ou de mollusques (escargots). | | |
| Il y a au moins 1 reptile (lézard) ou 1 batracien (crapaud). | | |

*Nombre de oui .....*
*Nombre de non .....*

*Cette haie a ........ (nombre de oui) sur 10 de richesse biologique.*

## CRÉATIONS HUMAINES

Les haies n'ont rien de naturel. Ce sont les humains qui, il y a des siècles, au Moyen Âge, les ont plantées ou sauvegardées, parce qu'elles servaient de limites de propriétés ou de barrières pour les animaux d'élevage. Elles offraient aussi du bois de chauffage, des baies délicieuses et de nombreuses plantes pour se soigner.

Beaucoup de haies ont aujourd'hui disparu. Il est vraiment étonnant et stupide d'avoir voulu, il y a une cinquantaine d'années, détruire toutes les haies dans certaines régions, souvent pour regrouper des petits champs en un seul grand et faciliter ainsi le passage des engins.

JARDINS SPÉCIAUX

# TON JARDIN SENSIBLE

Il existe d'étranges plantes : certaines sont douces, d'autres piquantes, d'autres encore bougent mystérieusement... Tout cela n'est pas gratuit, ce sont autant de moyens pour ces végétaux de se protéger ou de se développer. Mais pour toi, ce sont autant de plaisirs tactiles à découvrir...

## SAUGE DUVETEUSE

Penche-toi pour toucher une feuille de sauge : elle est un peu râpeuse, c'est presque agréable. Penche-toi davantage : cette feuille est couverte de poils minuscules, qui donnent cette sensation et qui protègent la plante contre la sécheresse.

## BROSSE EN CHIENDENT

CETTE GRAMINÉE SAUVAGE, LOINTAINE COUSINE DU BLÉ, EST LA BÊTE NOIRE DU JARDINIER : IMPOSSIBLE DE S'EN DÉBARRASSER, TANT SES RACINES SONT DÉVELOPPÉES, RÊCHES ET INEXTRICABLES... POURTANT, C'EST UNE PLANTE TRÈS UTILE, QUI A LONGTEMPS ÉTÉ CULTIVÉE. CAR C'EST AVEC CES MÊMES RACINES SÈCHES QUE L'ON FAISAIT LES CÉLÈBRES « BROSSES EN CHIENDENT » POUR LA LESSIVE.

## ORTIE PIQUANTES... OU NON ?

SI L'ORTIE EST PIQUANTE, C'EST À CAUSE DE SES MILLIERS DE PETITS POILS CASSANTS QUI CONTIENNENT UN LIQUIDE TRÈS IRRITANT. ILS SONT SITUÉS PRINCIPALEMENT SUR LES TIGES ET SUR LE DESSUS DES FEUILLES. D'OÙ L'ASTUCE : SI TU PRENDS L'ORTIE PAR EN-DESSUS, TU ES SÛR DE TE FAIRE PIQUER ; MAIS SI TU L'ATTRAPES PAR EN DESSOUS, « À REBROUSSE-POIL », TU NE TE FERAS PAS PIQUER. FAIS ATTENTION QUAND MÊME...

## APAISANT PLANTAIN

Tu viens de te faire piquer par une ortie ? Vite, attrape une feuille de plantain et presse-la pour en faire sortir son jus. Applique cette feuille froissée à l'endroit où tu t'es fait piquer : la sensation de brûlure va disparaître presque instantanément !

## BALSAMINE EXPLOSIVE

Attention, plante aux fruits sensibles…
Effleures-en un du bout des doigts, tu vas le voir véritablement exploser, projetant des graines dans toutes les directions. Rassure-toi, cela n'a rien de dangereux, mais permet à la plante de disséminer ses semences au loin…

### OREILLE-D'OURS SI DOUCE…

Le stachys lanata (ou oreille-d'ours) ne donne pas de très jolies fleurs, par contre, ses feuilles sont extraordinairement douces… De loin, on dirait presque un haut tapis de laine blanche !

## CHÉLIDOINE GUÉRISSEUSE

Coupe délicatement une petite tige de la plante et regarde : un liquide jaune et épais s'écoule lentement. Attention, cette sève est toxique. En revanche, on raconte qu'en badigeonnage, elle est le médicament idéal pour faire disparaître les verrues les plus tenaces…

# PIÈGES À PETITES BÊTES

BRICOLAGE

Juste sous tes pieds, dans la terre ou sous les feuilles mortes, vivent de très nombreuses petites bêtes. Pour les observer, nul besoin de patienter des heures, il suffit de les piéger… sans les blesser.

## UNE SIMPLE PLAQUE

Place sur la pelouse un morceau de tôle ondulée (ou encore une grande planche). Arrose si le temps est trop sec. En quelques jours, sous cet abri humide et sombre, des carabes, des scolopendres et des limaces vont venir se loger. Une colonie de fourmis s'y installera peut-être, à moins qu'un orvet, petit lézard sans pattes, ne s'y trouve à son goût.

### ANIMAUX PAR MILLIERS

Mille-pattes, acariens, cloportes, araignées, limaces, larves d'insectes, fourmis, petites mouches, vers de terre… Les petites bêtes vivant sous terre sont multiples… et très nombreuses : dans un simple carré de prairie de 1 x 1 m, on peut compter 100 vers de terre, plusieurs centaines d'araignées, plus de 10 000 insectes, et plusieurs millions de nématodes, des vers minuscules !

## UNE CLOCHE À BÉBÊTES

Pose simplement sur la pelouse une cloche à fromage et soulève-la doucement chaque jour : des petits insectes s'envolent… En fait, leurs larves vivaient dans le sol et sont sorties à la surface au moment de leur métamorphose en adultes.

## UNE BOÎTE ENFONCÉE

Enterre un pot de fleurs ou un fond de bouteille en plastique à ras du sol et place dedans un peu de nourriture pour chiens ou chats. Recouvre le tout d'une planchette en équilibre sur quelques cailloux, pour protéger de la pluie. En quelques heures, des insectes carnivores vont se retrouver coincés dans cette prison…

## LE BERLÈZE POUR LES MINUSCULES

Cet appareil est idéal pour observer toute une microfaune très discrète, qui ne sort jamais du sol car elle craint la lumière.

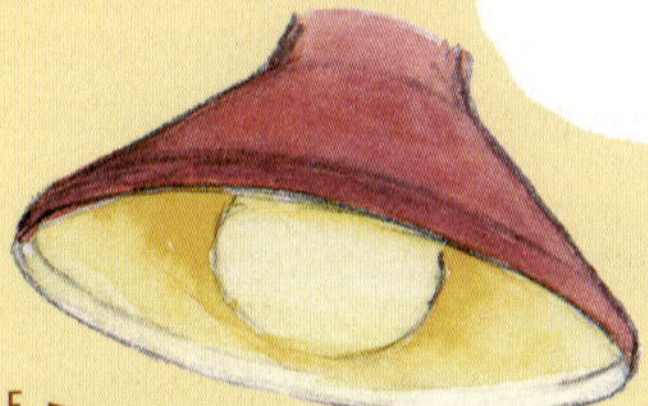

1

Entoure un pot à confiture d'un carton noir et pose un entonnoir dessus.

2

Dépose dans l'entonnoir une poignée de litière, mélange de terre et de feuilles à moitié décomposées.

3

Place le tout sous une lampe : les petites bêtes, voulant fuir la lumière, vont s'enfoncer, s'enfoncer, jusqu'à glisser par l'entonnoir dans le fond du pot.

*Pour vérifier si tu as récolté des petites bêtes, décolle délicatement le papier.*

4

Il sera alors temps de sortir ta loupe à fort grossissement pour les observer.

## UN FAGOT NOURRICIER

1

Fais un petit fagot de branches fines et de foin et enterre-le à environ 20 cm de profondeur.

2

Laisse-le en place durant quelques semaines, puis déterre-le et place-le dans un sac en plastique transparent bien fermé : tu vas voir de nombreux petits animaux en sortir, ils y avaient trouvé refuge et nourriture.

*N'oublie pas de libérer les petites bêtes !*

# JARDIN DE NOVEMBRE

Il y a un trésor caché dans les feuilles mortes ! D'abord parce que, tout l'hiver, des milliers de petites bêtes vont vivre à l'abri sous elles ; ensuite parce que ces mêmes petites bêtes vont peu à peu grignoter ces feuilles, jusqu'à transformer le tout en une terre riche et nutritive, l'humus, qui profitera à tous les fruits et légumes du jardin...

## L'ENGRAIS VERT

*Un engrais vert, c'est une plante qui pousse vite et qui possède de nombreux avantages : elle « nettoie » le sol en empêchant l'invasion de « mauvaises » herbes ; elle protège ce sol contre l'érosion des pluies ; elle fournit un engrais biologique gratuit, parce qu'elle « fixe » des minéraux présents dans la terre.*

Bêche légèrement le sol, puis sème à la volée du blé, du seigle ou de l'orge. Si tu habites au sud de la Loire, tu peux aussi semer des légumineuses comme les pois et/ou la féverole. Un coup de râteau pour enfouir les semences, et c'est fini !

Au printemps suivant, avant que cette culture ne fleurisse, coupe-la et broie-la avec la tondeuse ou un rotofil (demande plutôt à un adulte de le faire...) et enfouis-la en retournant le sol 15 jours au moins avant d'installer une nouvelle culture.

## À FAIRE AUSSI EN NOVEMBRE...

FEUILLES MORTES

- Début novembre, planter les derniers bulbes en pleine terre.
- Bêcher à grosses mottes les parcelles de ton potager non ensemencées en engrais vert.
- Mi-novembre, planter ail et échalote.
- Ramasser les feuilles mortes et les stocker pour faire du compost.
- Fin novembre, commencer à planter des arbres : « À la Sainte-Catherine (le 25 novembre), tout bois prend racine ! »

## DES BULBES PLEIN LA JARDINIÈRE

*Une jardinière fleurie sans interruption de février à mai sur ton balcon, c'est possible… si tu la prépares dès maintenant. Le secret, c'est d'enfouir dans une jardinière des bulbes différents.*

1 Prépare ta jardinière en plaçant au fond un lit de gravier. Puis remplis-la d'un mélange de bonne terre de jardin (2/3) et de terreau (1/3) auquel tu ajouteras de l'engrais à effet retard.

Bulbes de tulipes

2 Mets ensuite tes bulbes en place sans trop les serrer, en les espaçant de 3 à 5 cm. Pour une floraison étalée dans le temps, associe (par exemple) des bulbes de perce-neige, de jacinthes, de crocus et de tulipes. Chaque bulbe doit être enterré de 3 fois sa hauteur.

3 Ajoute pour finir quelques pieds de pensées qui donneront quelques touches de couleur en hiver.

*Maintenant, patience, les premières pousses ne surgiront qu'en février…*

## UNE CASCADE VÉGÉTALE

*Il fait froid ? Il n'y a plus de place dans ton jardin ? Tes plantes préférées n'aiment que la chaleur ? Tu veux décorer ta chambre de façon originale ? Il existe une solution à tous ces « problèmes » : crée ta minipyramide de plantes…*

Il te faut 1 grand bac (50 x 50 cm environ), 2 autres bacs plus petits (à glace, à poisson…) et 3 bambous.

Lierre panaché

1 Perce les bacs. Pose le grand sur une soucoupe et remplis-le de terreau.

2 Installe le 3 bambous verticalement, en les enfonçant dans les trous du grand bac.

3 Fais passer les bambous à travers le deuxième bac et remplis-le de terreau. Procède de la même façon pour le troisième bac.

*Plante des lierres panachés, des misères de plusieurs couleurs, des chlorophytums… Autant de petites plantes qui, en poussant et en retombant, vont créer une vraie cascade végétale sur ta pyramide.*

IDENTIFICATION

# LES CHAMPIGNONS DU JARDIN

RISQUE DE CONFUSION AVEC LA GALÈRE MARGINÉE : TOXIQUE ; C'EST POURQUOI IL VAUT MIEUX SE CONTENTER DES PHOLIOTES CULTIVÉES.

Non, il n'est pas nécessaire d'habiter au milieu des bois pour faire de belles récoltes de champignons ! Plusieurs d'entre eux poussent spontanément dans les jardins, et tu passes peut-être à côté d'eux sans savoir qu'ils sont bons...

TU LA TROUVERAS SUR LES VIEILLES SOUCHES, DU PRINTEMPS À L'AUTOMNE.

## LA PHOLIOTE CHANGEANTE

Elle change de couleur en fonction du degré d'humidité de l'air... Elle pousse en touffes serrées et ses pieds sont recouverts de mèches sous l'anneau.

*Excellent champignon, que les Romains cultivaient déjà.*

## LE COPRIN CHEVELU

Son chapeau en forme de grand bonnet pointu est recouvert de mèches hirsutes.

*Cet excellent champignon ne doit être récolté que très jeune et préparé aussitôt, sinon il est indigeste.*

TU LE TROUVERAS EN ÉTÉ ET EN AUTOMNE SUR LES TALUS, LES PELOUSES DES JARDINS ET MÊME À TRAVERS LE GOUDRON DES VIEUX CHEMINS !

TU TROUVERAS LE PLEUROTE CORNE D'ABONDANCE TOUTE L'ANNÉE, SUR LE BOIS MORT, EN BORDURE DE HAIE, AUTOUR DU JARDIN. COMME TOUS LES PLEUROTES, LA CORNE D'ABONDANCE EST UN PARASITE DES ARBRES, DE L'ORME SURTOUT.

## LE PLEUROTE CORNE D'ABONDANCE

Ce champignon sauvage a des lamelles qui se prolongent sur le pied. Il est de couleur blanchâtre ou grisâtre. Son chapeau forme rapidement un entonnoir, d'où son nom.

*Sa chair blanche a un goût médiocre et une odeur peu agréable...*

Tu trouveras la coulemelle par colonies dans les prés et sur les pelouses, dès le début de l'été.

**Risque de confusion avec les petites lépiotes des bois : toxiques (l'anneau de leur pied ne coulisse pas).**

## LA COULEMELLE

(ou lépiote élevée)
Son très grand chapeau de 25 cm de diamètre, recouvert de petits bouts de peau bruns, est perché sur un pied haut, fin et élancé.

*Son chapeau a un goût de noisette délicieux, tandis que son pied coriace est fibreux.*

Tu trouveras le rosé des prés sur ta pelouse, surtout si tu prends soin de l'enrichir avec du fumier de cheval ! Et aussi dans les prés, en été et surtout à l'automne.

## LE ROSÉ DES PRÉS

Ce petit champignon blanc voit ses lamelles rosir avec l'âge, d'où son nom.

*Jeune, il se mange cru en salade ; plus âgé, on le mange poêlé ou en omelette.*

**Risque de confusion avec l'agaric jaunissant : toxique (il jaunit à la coupe et son odeur est désagréable).**

Tu trouveras la morille blonde uniquement au printemps, en bordure de haies, de ruisseaux, de préférence sous les frênes, parfois sur des tas de décombres.

## LA MORILLE BLONDE

Les morilles ont toutes des chapeaux qui ressemblent à des éponges. La blonde est la plus grosse de toutes, elle peut être blonde ou ocre brun.

*Excellente fraîche ou sèche, mais toujours à cuire.*

Tu la trouveras sur les sentiers, les bords de route, les tas de détritus, toujours à l'automne.

## La pezize orangée

On dirait une petite coupe orange vif éclatant posée à même le sol. Elle est souvent gluante par temps humide.

*Crue en salade ou cuite, elle est comestible et sert parfois pour faire des pâtisseries.*

**ATTENTION !**
Si tu as le moindre doute lors de tes récoltes, n'hésite pas à aller montrer tes champignons au pharmacien du coin. Il saura te dire si tu peux te régaler… ou si tu dois te contenter du plaisir de la découverte.

Tu trouveras le pied bleu en automne et en hiver, sur les talus, en bordure de bois, dans les bosquets, souvent en « rond de sorcière ».

## Le pied bleu

Son chapeau épais, ferme et charnu a une couleur bleue, tout comme le pied et la chair. D'où son nom…

*Sa chair blanche a un goût médiocre et une odeur peu agréable…*

**! Risque de confusion avec le cortinaire violacé : toxique.**

Tu la trouveras à la fin de l'été, sous les feuilles de hêtre ou de chêne.

## La truffe

La truffe d'été pousse sous terre et vit en étroite relation avec les racines de certains arbres. Seule une partie de son chapeau très noir et granuleux sort de terre.

*Un peu moins bonne que sa célèbre cousine la truffe du Périgord (ci-contre), la truffe d'été est excellente, en omelette ou en accompagnement d'une viande.*

## LE VRAI MOUSSERON

(ou tricholome de la Saint-Georges)
On le reconnaît très facilement à son odeur de farine fraîche. Petit, son chapeau est épais et charnu, de couleur blanchâtre.

*Pour beaucoup d'amateurs, ce serait le meilleur des champignons comestibles !*

TU LE TROUVERAS AU PRINTEMPS (LA SAINT-GEORGES, C'EST LE 23 AVRIL), EN ROND, DANS LES PRÉS ET SUR LES PELOUSES, PARFOIS DANS LES BOIS.

RISQUE DE CONFUSION AVEC LES AUTRES NOMBREUX PETITS CHAMPIGNONS DES PRÉS, DONT CERTAINS SONT TOXIQUES... PRUDENCE !

## L'OREILLE-DE-JUDAS

Elle ne pousse que sur le sureau, et sa forme fait penser à une oreille flasque de couleur brun sombre.

*Cet excellent champignon se trouve facilement dans le commerce, cru ou sec, sous le nom de « champignon noir chinois ».*

TU LA TROUVERAS PRESQUE TOUTE L'ANNÉE SUR LES BRANCHES DE SUREAU MORT, ARBRE QUI ABONDE DANS LES HAIES.

TU TROUVERAS LE FAUX MOUSSERON EN TOUTE SAISON, EN RONDS DE SORCIÈRES DANS LES PRÉS ET LES PELOUSES BIEN ARROSÉS...

RISQUE DE CONFUSION AVEC LES AUTRES NOMBREUX PETITS CHAMPIGNONS DES PRÉS, DONT CERTAINS SONT TOXIQUES... PRUDENCE !

## LE FAUX MOUSSERON

Plus fin et plus élégant que le vrai mousseron, son chapeau se termine en forme de mamelon caractéristique ; il est aussi plus brun que son cousin.

*C'est un comestible réputé, facile à faire sécher. Il faut éliminer les pieds trop durs.*

JARDINS SPÉCIAUX

# UN JARDIN DE CHAMPIGNONS

Mais oui, les champignons peuvent se cultiver, comme un légume ordinaire ou presque ! Il suffit pour cela d'avoir la technique… et de trouver les « semences », qui ne sont pas fréquentes dans les jardineries.

## ROND DE ROSÉS SUR LE GAZON

1

Au printemps, découpe sur la pelouse, une plaque de gazon et soulève-la, de façon à obtenir un cercle de terre nue.

2

Creuse sur une dizaine de centimètres de profondeur et remplis cette cavité de fumier de cheval bien décomposé. Dépose dessus le « blanc de rosé » (appelé aussi « agaric ») en l'émiettant bien, remets un peu de fumier, puis la terre et enfin les plaques de gazon.

3

Dans 1 mois ou 2, les champignons blancs sortiront au milieu de l'herbe, formant un « rond de sorcière »…

LES CHAMPIGNONS NE PRODUISENT PAS DE GRAINES, COMME LES LÉGUMES. LEURS SEMENCES S'APPELLENT LE « MYCÉLIUM », RÉSEAU DE FINES RACINES BLANCHES QUI VIT DANS LA TERRE. DANS LES JARDINERIES, CE MYCÉLIUM EST SOUVENT VENDU SOUS L'APPELLATION DE « BLANC DE CHAMPIGNON ».

## PLEUROTES SUR LIT DE PAILLE

1

Entre janvier et mai, prends une botte de paille de blé bien sèche et arrose-la abondamment pendant une semaine (elle doit être détrempée jusqu'au cœur).

2

Enfouis des morceaux de « blanc de pleurote » (gros comme des noix) dans la paille, à 15 cm de profondeur. Tasse bien.

3

Humidifie la paille régulièrement et attends : les premières récoltes se feront de 6 à 12 semaines plus tard.

## BÛCHES À PHOLIOTES

En avril ou mai, récupère quelques bûches fraîchement coupées et demande à un adulte d'y scier des fentes tous les 15 cm.

1

Introduis le « blanc » dans ces fentes et installe les bûches dans un coin humide et ombragé du jardin.

2

Recouvre le tout de paille humide et d'une bâche de plastique percée. Trois mois plus tard, plante tes rondins verticalement dans le sol, arrose régulièrement et patiente : la première récolte se fera un an plus tard !

## EMPREINTE DE CHAMPIGNON

1

Récupère un jeune champignon frais à lamelles, soit dans la nature, soit au marché. Coupe sa queue au ras du chapeau et pose-le sur une feuille de couleur sombre, lamelles à plat.

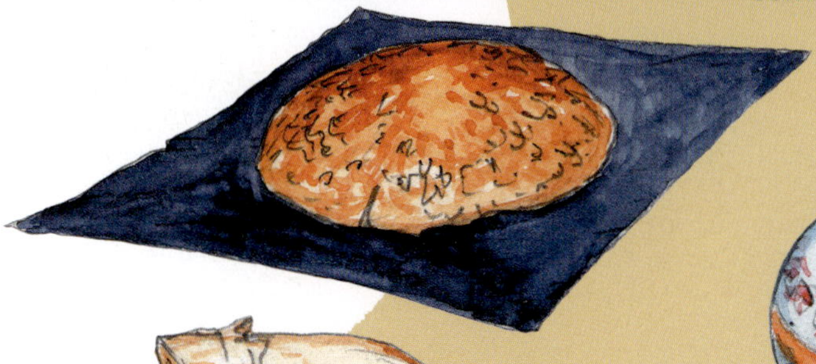

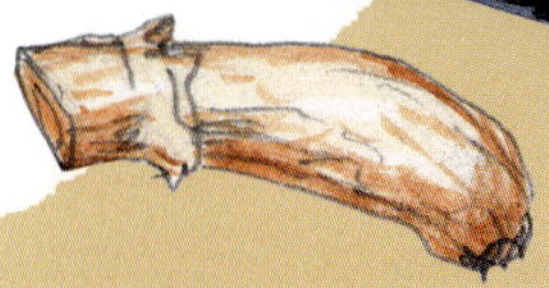

2

Recouvre-le d'un bol pour le mettre à l'abri des courants d'air, et patiente. Dans quelques heures (ou quelques jours selon les espèces), ses spores (minuscules particules invisibles) se seront déposées sur la feuille, reproduisant le dessin des lamelles.

*Attention, cette empreinte est très fragile. Pour la conserver, pulvérise dessus de la laque ou du vernis.*

# FARCES ET ATTRAPES BOTANIQUES

*La nature offre mille et un petits trucs pour faire des farces pendant la nuit d'Halloween…*

Des baies d'églantier « poil à gratter » : fais cuire dans l'eau des baies d'églantier pendant 5 min. Laisse refroidir, coupe-les en 2 et extrais les poils de la pulpe qui entourent les graines. Mets à sécher… et attends une innocente victime pour lui en glisser une petite pincée dans le cou. Démangeaisons assurées !

ARTISTE EN HERBE

# LA FÊTE D'HALLOWEEN

La nuit du 31 octobre, sorcières et lutins du jardin font une fête gigantesque ! Et les hommes allument partout des lanternes pour s'en préserver, comme s'ils en avaient peur. Dommage, ils pourraient participer à ce grand festival des courges…

Des fruits de bardane et de benoîte, parfaits avec tous leurs petits crochets pour s'emmêler dans les cheveux ou les habits…

BAIES D'ÉGLANTIER

BARDANE

ORGE QUEUE DE RAT

De l'orge « queue de rat » pour mettre discrètement au bas des robes (elle va s'y accrocher et monter toute seule jusqu'en haut…).

## FÊTE TRÈS ANCIENNE

« Halloween » marquait, il y a très longtemps en Europe, le cycle de fin d'année, avec les dernières récoltes abondantes : les courges, les pommes, les poires, les pommes de terre, les navets… C'était une nuit étrange, pendant laquelle on pensait que les morts pouvaient revenir parmi les vivants ! Alors on se déguisait, pour ne pas qu'ils nous reconnaissent, ou encore pour se faire passer pour l'un d'eux et recevoir ainsi des vivants (faussement) terrorisés des présents, des sucreries, pour amadouer les esprits. Pour éloigner les mauvais esprits, on allumait aussi des bougies que l'on plaçait au creux de navets sculptés. Et puis cette fête a quasiment disparu en Europe, il y a de cela environ un siècle. Mais elle est réapparue en Amérique, en mettant à l'honneur les énormes courges, potirons et autres citrouilles… et est revenue en force chez nous depuis quelques années.

## MENU HALLOWEEN

Pour ce grand soir, pas de soupe de crapauds ou de tarte aux chauves-souris, non ! Au contraire, le repas sera délicieux, entièrement composé avec des végétaux orange et noirs encore disponibles en cette saison :

Soupe de potiron

Purée de carottes aux aubergines

Crème de jack-o-lantern

Salade de tomates Carotina

Artichaut noir

Brocoli violet

Radis noir

Tarte au potimarron

Compote de pommes reinettes

Physalis et mûres pour le dessert

De la poudre à éternuer faite avec des feuilles de cresson des fontaines séchées et moulues.

# LA TOUR DE VERRE DES VERS DE TERRE

BRICOLAGE

**MATÉRIEL**

- DE LA COLLE
- 2 PLAQUES CARRÉES DE PLASTIQUE TRANSPARENT (PLEXIGLAS) DE 30 CM DE CÔTÉ
- 3 PLANCHETTES ÉPAISSES DE 1,5 CM, LARGES DE 2,5 CM ; CELLE QUI SERVIRA DE FOND DOIT ÊTRE LONGUE DE 30 CM ET LES 2 AUTRES DE 28,5 CM

Observer le travail des lombrics en direct dans ta chambre, c'est possible ! Il te suffit de fabriquer un terrarium spécial pour élever quelques vers de terre. Tu pourras alors mieux te rendre compte de l'énorme travail qu'ils réalisent dans le sol.

**1**

Avec la colle, assemble les plaques de Plexiglas comme indiqué sur le dessin. Tu obtiendras ainsi une boîte étroite et sans couvercle : un terrarium à lombrics.

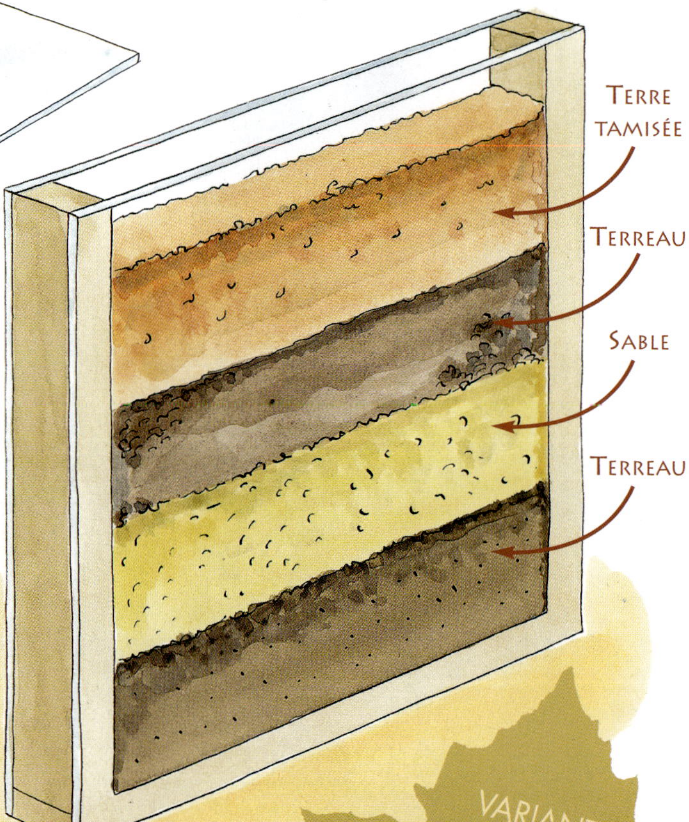


**2** Remplis le terrarium avec plusieurs couches de terres différentes disposées les unes sur les autres : une couche de terre tamisée du jardin, une couche de sable, une couche de terreau...

Bref, autant de terres de couleurs différentes que tu peux en trouver (au moins 3 ou 4).

*Arrose ensuite la terre pour bien l'humidifier, sans la noyer.*

**VARIANTE**

SI TU NE TE SENS PAS TROP L'ÂME D'UN BRICOLEUR, TU PEUX FAIRE LA MÊME EXPÉRIENCE AVEC LE FOND D'UNE BOUTEILLE EN PLASTIQUE OU UN GRAND BOCAL DE CONFITURE. LE TRAVAIL DES LOMBRICS SERA SEULEMENT VISIBLE UN PEU PLUS LENTEMENT QU'AVEC UN TERRARIUM.

3 Ta réalisation est prête pour accueillir quelques vers, une douzaine, pas plus. Après les avoir installés, recouvre le tout d'une fine couche de gravier. Place ensuite quelques feuilles ou herbes mortes.

## CHASSE AU VER

Pour trouver et observer de près des lombrics, tu peux, bien sûr, bêcher ton jardin. Mais il sera plus simple d'explorer la pelouse le soir après une bonne pluie. Inspecte les endroits ombragés à l'aide d'une lampe de poche.

Dès que tu aperçois un ver à moitié dehors, approche-toi doucement (il perçoit les vibrations du sol...) et saisis-le rapidement entre le pouce et l'index, le plus près possible de son trou de sortie.

*S'il résiste, presse-lui doucement la tête, c'est efficace...*

4

Enveloppe le terrarium avec une bâche noire ou un tissu qui ne laissent pas passer la lumière (sinon les vers ne tarderaient pas à mourir) et attends patiemment.

5 Au bout de quelques jours, jette un coup d'œil sur tes protégés : ils ont déjà commencé à mélanger les couches de terres.

Et ce n'est pas fini... Surveille régulièrement le travail des lombrics et n'oublie pas d'humidifier la terre de temps en temps. Après quelques semaines, rends la liberté à tes petits laboureurs.

TRAVAUX DE SAISON

# JACINTHES SUR LIT DE BILLES

*Avoir, dans ta chambre, un petit air de printemps en plein hiver, c'est possible grâce aux bulbes de jacinthes ! C'est une culture toute simple : elle ne nécessite même pas de terre…*

Si tu veux avoir des jacinthes fleuries juste pour Noël, dépose les bulbes début décembre, chacun dans un verre rempli d'eau et de billes en argile ou en verre.

Remplis le verre d'eau, en immergeant juste la base du bulbe. Place le tout dans un endroit frais (20 °C au maximum), bien éclairé. Un réseau de fines racines blanches va se développer entre les billes, et tu pourras tout voir par transparence.

Pendant ce temps, de belles feuilles vertes et brillantes vont pointer leur nez. Encore quelques semaines d'arrosage et de patience et tes jacinthes vont enluminer ta maison, en se moquant du froid et de la grisaille du dehors…

# JARDIN DE DÉCEMBRE

Avec le froid qui arrive, ton jardin et tes plantes vont enfin pouvoir se reposer un peu… Finis les arrosages et les engrais, les repiquages et les semis ! Il te faut les laisser vivre au ralenti et reprendre des forces pour le printemps suivant. Et toi ? As-tu tout engrangé, récolté, rangé, nettoyé ? Pour le jardinier, il y a toujours quelque chose à faire…

## À FAIRE AUSSI EN DÉCEMBRE…

KIWIS

- Début décembre, tailler les kiwis.
- Nettoyer la mare.
- Mi-décembre, préparer les marrons glacés (des grosses châtaignes, en fait).
- Fin décembre, préparer le sapin de Noël, faire une couronne de houx et un bouquet de gui.
- Faire le plan de ton jardin pour l'année à venir, et commander les graines (les premiers semis vont se faire dès janvier sous abri).

# Plantes cadeaux de Noël

*L'hiver, la nature se repose un peu. Mais dans la maison, certaines plantes n'attendent que ton aide pour éclairer les fêtes !*

Amaryllis

Le cyclamen est une plante bizarre : il attend naturellement la fin de l'automne pour fleurir. C'est pourquoi une potée achetée vers la mi-décembre est toute prête à illuminer la maison. Arrosage et éclairage réguliers suffiront à assurer une floraison spectaculaire pendant près de 2 mois.

Le cactus de Noël, de son vrai nom épiphyllum, fleurit dans nos appartements en plein mois de décembre. Sa floraison magnifique dure plus d'un mois. Provoque-la par 1 ou 2 bassinages début novembre et en mettant le pot en pleine lumière.

D'autres plantes sont à cultiver pour les fêtes selon la même technique que pour les bulbes de jacinthes : les amaryllis gigantesques, les crocus multicolores, les perce-neige toutes blanches, les narcisses délicats…

# Assiette de blé germé

*En Provence, dans le sud de la France, on fait germer quelques grains de blé en les recouvrant de coton humide. La croyance veut que si le grain germe pour le temps des fêtes, l'année suivante, la récolte sera bonne et généreuse !*

1. Récupère quelques grains de blé (ou de seigle, d'orge, d'avoine…) et dépose-les 2 ou 3 semaines avant Noël dans du coton humide, sur une assiette.
2. Place cette assiette bien au chaud derrière une fenêtre et attends : les grains vont germer, donnant de belles pousses vertes bien droites.

*Idéal pour décorer une table de fête… et pour grignoter pendant le repas, car le blé st délicieux et plein de vitamines !*

Blé

JARDINS SPÉCIAUX

# UNE HAIE GARDE-MANGER

Tu aimes observer les insectes, les petits animaux et les oiseaux ? Tu voudrais bien qu'ils colonisent ton jardin ? Alors, pas de doute, il te faut planter une haie riche et variée, où toute cette faune trouvera gîte et couvert.

## VIVE LA DIVERSITÉ !

C'est la diversité de la haie qui va en faire sa richesse : plus il y aura d'espèces végétales et mieux elle jouera son rôle de garde-manger.

Il est indispensable d'associer des plantes basses (framboisiers, fragons, rosiers sauvages), avec des arbustes (noisetiers, houx, aubépines, sureaux), des plantes grimpantes (ronces, lierres), et même, pourquoi pas, avec un arbre (merisier, orme, noyer, frêne).

Enfin, n'oublie pas les herbes sauvages, comme la menthe, le millepertuis, l'ortie, la consoude, qui sont une aubaine pour la petite faune des insectes.

## ALORS ON Y VA ?

Après avoir mesuré les dimensions du terrain à planter, dispose tes plantes… d'abord sur le papier.

Si tu as de la place, n'hésite pas à lui donner du volume en disposant les plantes en quinconce (sur 2 lignes, avec les plantations décalées) ; sinon, il faudra te contenter d'une rangée simple.

Entre 2 petits arbustes, il doit y avoir environ 1 m ; entre ceux de plus grand développement, près de 2 m ; entre 2 arbres, au moins 10 m.

Dans les espaces, prévois des grimpantes et d'autres, plus petites, qui poussent à l'ombre. Numérote chacune d'elles et fais tes comptes pour savoir exactement les plantes dont tu as besoin.

## LE JOUR J

Mettre en place une haie est un travail long et difficile, qu'il vaut mieux faire en équipe : la famille, les copains, ta classe, un club nature…

1

Prévois des **outils** pour tout le monde. Distribue une copie du plan à chaque membre de ton équipe.

### RÉGAL TOUTE L'ANNÉE

La haie garde-manger produit de la nourriture en toute saison. Les fleurs et les jeunes feuilles nourrissent beaucoup de monde, de l'abeille au lapin. En été, les petits fruits rouges (framboises, fruits du sureau) satisferont autant les oiseaux que la fouine de passage, sans vous oublier, tes copains et toi (attention, certaines baies sont toxiques). L'automne est la saison des fruits secs (noisettes, noix), les écureuils sont comblés. Et à la mauvaise saison, alors que tout semble désert, les fruits durs des aubépines, cotonéasters et néfliers, une fois gelés, régaleront tous ceux qui ont choisi de passer l'hiver près de chez toi.

2

Chacun dans son secteur va préparer des **trous** spacieux (3 fois plus grands que les racines des arbustes à planter).

3

Mets les **plants** en place avec de la bonne terre, du terreau et un peu d'engrais de fond.

*Le travail avance lentement… Mais quelle récompense ce sera de voir dans quelques mois tes amies les bêtes venir visiter leur future maison !*

4

N'oublie pas d'**arroser** copieusement : au moins 10 litres d'eau par plante.

## BULLE DE CHALEUR

Avec la chaleur emmagasinée par les bâtiments et celle qui est dégagée par les automobiles, les grandes villes sont enveloppées d'une véritable « bulle de chaleur ».

Résultat : la température y est plus élevée que dans leur périphérie, parfois de plus de 10 degrés !

ENQUÊTE NATURE

# MÉTÉOROLOGIE URBAINE

Incroyable : le temps n'est pas toujours exactement le même au cœur d'une ville que dans la campagne qui l'entoure ! Tu vas vite t'en rendre compte en réalisant une série de petites observations.

Il pleut beaucoup moins en moyenne au cœur d'une grande cité que dans sa banlieue, et la neige y tombe plus rarement. D'abord parce qu'il y fait plus chaud, ensuite parce que la bulle de chaleur « chasse » les nuages, un peu comme un mini-anticyclone.

### LE BÂTIMENT QUI A COUPÉ L'AIR

DANS LES ANNÉES 80, ON A CONSTRUIT LE MINISTÈRE DES FINANCES FRANÇAIS EN BORD DE SEINE, À PARIS. IL EST TELLEMENT GRAND QU'IL « COUPE » AUJOURD'HUI LE COURANT D'AIR FRAIS QUI ACCOMPAGNE LE FLEUVE DANS SA COURSE…

Repère un grand parc urbain, et va y mesurer la température ambiante. Elle est inférieure de 3 ou 4 degrés à celle des quartiers entièrement construits et traversés par de grands axes de circulation…

## NATURE PROFITEUSE

Conséquence de cette bulle de chaleur : quand la nature s'éveille au printemps, les fleurs surgissent en ville avec 2 ou 3 semaines d'avance sur leurs sœurs situées dans les campagnes alentour.

### DIFFICILE, L'ASTRONOMIE URBAINE...

EN VILLE, LA NUIT, LES ÉTOILES SEMBLENT MOINS NOMBREUSES QU'À LA CAMPAGNE. EN FAIT, ON LES VOIT MOINS À CAUSE DE LA POLLUTION LUMINEUSE. UN PEU COMME LE SOLEIL LE JOUR, LES LAMPADAIRES NOUS LES MASQUENT LA NUIT. DOMMAGE...

Les grues et autres oiseaux migrateurs aiment passer au-dessus des villes et de leurs bulles de chaleur : ils en profitent pour se laisser porter par l'air chaud vers les hauteurs, et repartir plus loin.

Les lampadaires semblent être des lieux parfaits pour de nombreux oiseaux urbains, comme les pigeons ou les tourterelles : la chaleur des lampes couvent leurs œufs à leur place !

À L'AUTOMNE, TOUJOURS GRÂCE À LA LUMIÈRE DES LAMPADAIRES, LES ARBRES EN VILLE GARDENT LEURS FEUILLES UNE SEMAINE DE PLUS !

UN PETIT RAYON DE SOLEIL CONTRE UN MUR, ET HOP !, VOILÀ LA RUE PLUS CHAUDE POUR QUELQUES HEURES. UNE HAUTE TOUR QUI SE CONSTRUIT, ET VOILÀ UN QUARTIER À L'OMBRE UNE BONNE PARTIE DE LA JOURNÉE. EN VILLE, LA LUMIÈRE JOUE À CACHE-CACHE...

BRICOLAGE

# TON JARDIN MÉTÉO

Les jardiniers sont souvent de bons météorologues. Normal : ils passent beaucoup de temps dehors à observer tous les signes annonçant l'évolution du temps.
Mais cela n'est pas suffisant, il faut aussi avoir des instruments de mesure.

## ÉPICÉA HYGROMÈTRE

*Sous ce nom un peu compliqué se cache un appareil capable de mesurer l'humidité de l'air (plus l'air est humide, plus proche est la pluie…).*

1

Pour en fabriquer un, prends un morceau de tige d'épicéa écorcé de 20 cm, au milieu duquel part un jeune rameau.

2

Fixe la tige avec 2 clous sur une planchette, elle-même posée à la verticale. Lorsque l'air se charge d'humidité, le petit rameau s'abaisse ; lorsqu'il devient plus sec, il se redresse…

## BOUTEILLE PLUVIOMÈTRE

*Elle sert à mesurer la quantité de pluie tombée sur le sol en un temps donné (une journée).*

1

Découpe une bouteille plastique en 3 tronçons égaux, élimine celui du milieu. À l'aide d'un verre gradué, étalonne la bouteille avec un feutre indélébile, chaque 10 cl. Retourne la partie haute dans la partie basse de façon à former un entonnoir.

2

Dispose le tout dans un lieu dégagé et attends la prochaine pluie. Note la quantité d'eau recueillie et vide régulièrement ton pluviomètre, si possible chaque jour, sinon l'évaporation va fausser tous tes résultats.

## Animaux météo

**Grenouille montante**

Si tu rencontres des rainettes grimpées sur des buissons, cela signifie souvent que le beau temps arrive.

**Vols d'hirondelles**

« Hirondelles volant haut, bientôt il fera beau. Hirondelles volant bas, bientôt il pleuvra ! » Derrière ce dicton se cache une explication : quand l'air est humide, les petits moucherons, aux ailes alourdies, restent près du sol. Et les hirondelles les suivent…

**Les baveux de la pluie**

Parce qu'ils ont besoin d'avoir toujours la peau mouillée, la limace et l'escargot ne sortent que par temps humide. L'escargot qui s'enferme dans sa coquille annonce au contraire une période de sécheresse.

## Pots anémomètre

*Cet instrument permet de mesurer la vitesse du vent.*

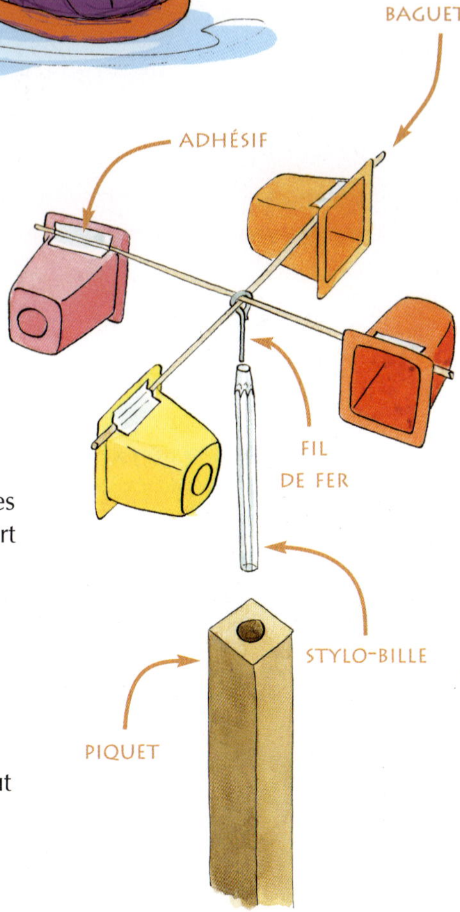


1

Récupère 4 pots de yaourt vides et légers, un vieux stylo-bille sans mine, 2 baguettes fines de 30 cm et du fil de fer. Fixe les pots de yaourt avec un adhésif puissant à l'extrémité des baguettes assemblées en croix.

2

Pose l'ensemble sur la tête du stylo vide et maintiens le tout avec le fil de fer.

3

Installe un piquet de 1 m de haut, dont le sommet est percé d'un trou du diamètre du stylo (3 ou 4 cm de profondeur). Places-y ton anémomètre. Installe-le dans un endroit parfaitement dégagé, loin des arbres et des maisons.

PROTECTION

# UN ABRI POUR LES COCCINELLES

Chaque automne, après avoir bien « travaillé » au jardin en dévorant les pucerons, les coccinelles se regroupent pour s'endormir profondément. Leur abri peut être sous une écorce, dans une fente de pierre... ou celui que tu vas leur construire !

1

Scie 6 planchettes de contreplaqué, toutes de la même taille : 15 cm de large sur 20 cm de long. Ne les peins surtout pas, les coccinelles n'apprécieraient pas...

2

Perce au centre des 6 planchettes un trou de 7 mm de diamètre (ou demande plutôt à un adulte de le faire pour toi...).

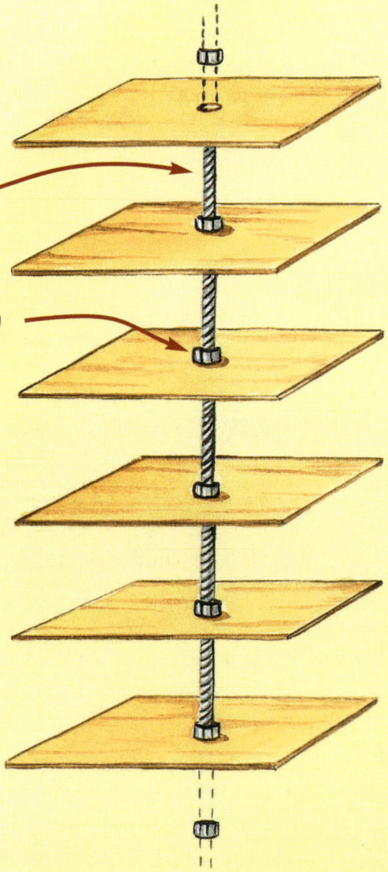


## COCCINELLES GLOUTONNES

EN PLEINE SAISON, UNE SEULE COCCINELLE PEUT BOULOTTER JUSQU'À 100 PUCERONS PAR JOUR ! MAIS LES PLUS VORACES, CE SONT LEURS LARVES, DRÔLES DE VERS TRAPUS À PATTES : NÉES DIRECTEMENT SUR LES PLANTES INFESTÉES, ELLES PASSENT LEUR VIE À DÉVORER JUSQU'À 150 PROIES CHAQUE JOUR...

*La coccinelle à 7 points est l'espèce la plus commune.*

## REFUGE INTÉRESSÉ

TA CONSTRUCTION EST CONSTRUITE SUR LE MÊME MODÈLE QUE CELUI QUI FUT IMAGINÉ PAR DES SCIENTIFIQUES POUR ÉTUDIER LES COCCINELLES.
CE REFUGE EN BOIS IMITE LES INTERSTICES QUE PEUVENT TROUVER LES PETITS INSECTES DANS LA NATURE.
GRÂCE À CE BRICOLAGE, TU VAS LES RETENIR DANS TON JARDIN ET ELLES SERONT PRÉSENTES AU PRINTEMPS SUIVANT, PRÊTES, DÈS LEUR RÉVEIL, À DÉVORER TOUS LES PUCERONS INDÉSIRABLES SUR TES CULTURES.
CELA T'ÉVITERA DE DÉPENSER BEAUCOUP D'ARGENT DANS L'ACHAT D'INSECTICIDES, QUI SONT EN PLUS DES PRODUITS DANGEREUX POUR NOTRE SANTÉ ET NOTRE ENVIRONNEMENT. CE QUI N'EST PAS LE CAS DES COCCINELLES…

3

Assemble les pièces comme sur le dessin : les planchettes sont espacées grâce à un écrou vissé entre chacune d'elles, et un autre écrou maintient les planchettes situées à l'extérieur.

5

Tout est prêt pour accueillir des coccinelles hibernantes. Surveille leur arrivée, mais n'ouvre jamais ton abri en plein hiver : tes locataires risqueraient de mourir de froid.

4

Sans attendre l'hiver, installe ton abri au jardin, dans un endroit sec et bien ensoleillé : au sommet ou à l'intérieur d'un tas de pierres, encastré dans un vieux mur, sous une fenêtre de la maison…

# Marrons glacés

Cuisine sauvage

**Ingrédients**

- 1 kg de belles châtaignes (ou 500 g déjà pelées)
- 1/2 l d'eau
- 1 kg de sucre en poudre
- 1 gousse de vanille

Attention, attention !
Le temps des fêtes approche…
avec son lot de gourmandises ! L'une des plus raffinées et des plus naturelles, c'est le marron glacé. Ou plutôt la châtaigne confite dans le sucre, que tu peux réaliser toi-même en quelques jours.

1

Fais une croix au couteau sur chaque châtaigne. Fais-les cuire ensuite doucement pendant 2 h dans de l'eau très chaude, mais non bouillante. Enlève la première et la deuxième peau des châtaignes (attention, c'est chaud).

*Si tu n'arrives pas à garder les châtaignes entières, ce n'est pas grave. En morceaux, ce sera tout aussi bon !*

2

Emprunte la friteuse familiale et nettoie-la bien. Fais-y fondre le sucre dans les 50 cl d'eau (20 min à ébullition). Ajoute la gousse de vanille pour parfumer. Place tes châtaignes pelées dans le panier à frites et n'y touche plus. Le premier jour, fais tremper les châtaignes dans le sirop froid.

3

Le lendemain, sors les châtaignes et fais bouillir pendant 1 min ton sirop pour le concentrer. Coupe le feu et plonge à nouveau tes châtaignes dans le sirop.

Recommence la même opération pendant 4 autres jours : tu sors le panier, tu fais chauffer le sirop, tu laisses refroidir, tu replonges tes châtaignes jusqu'au lendemain et ainsi de suite… L'opération prend à peine 10 min par jour.

4

Le dernier jour, refais bien bouillir ton sirop pendant 4 ou 5 min pour le concentrer comme un caramel liquide et plonges-y une dernière fois les châtaignes tant qu'il est encore bouillant. Laisse-les dans ce bain durant 1 min, puis retire le panier. C'était le glaçage final : tes châtaignes se sont transformées par la magie du sucre en véritables « marrons glacés » !

LE MARRON

LA CHÂTAIGNE

5

Lorsqu'ils sont refroidis, laisse-les bien s'égoutter et range-les dans une boîte. Ils peuvent se conserver pendant environ 15 jours au réfrigérateur. De quoi voir venir les fêtes de fin d'année…

## VARIANTE

Pour changer, remplace les noisettes par des noix ou des amandes.

## NE PAS CONFONDRE

Les seuls « marrons » comestibles sont les châtaignes. N'utilise jamais les fruits du marronnier (que l'on trouve facilement en ville), ils sont toxiques.
En langage de confiseur, un « marron » est une espèce de grosse châtaigne sans cloison intérieure, plus facile à peler que les variétés sauvages.

BRICOLAGE

# JOUETS D'AUTOMNE

La nature est une boîte de jeux. Elle offre en tout cas une multitude de petits éléments pour se construire soi-même ses jouets...

## CHAÎNETTES DE PIN

1
Récolte quelques dizaines d'aiguilles de pin groupées par 2, en veillant bien à garder leur collerette.

2 Lisse bien chaque aiguille avec l'ongle, afin qu'elles ne cassent pas. Coupe à la base une des 2 aiguilles de chaque paire.

3
Enfonce la pointe de l'aiguille restante dans la collerette, afin de réaliser une boucle.

4 En effectuant de même avec d'autres aiguilles et en les enfilant les unes sur les autres, tu peux réaliser des bracelets, des colliers, des guirlandes...

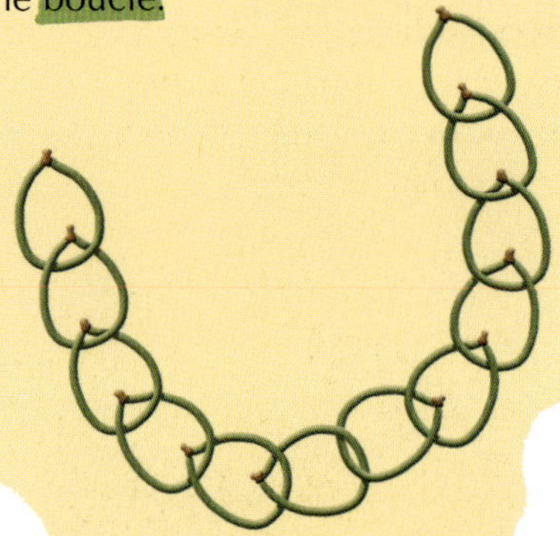

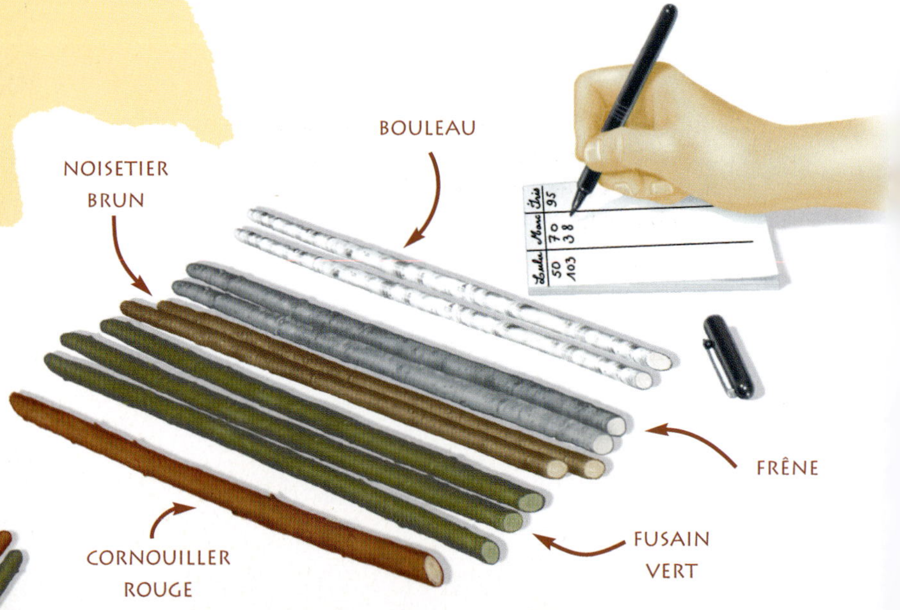


## MIKADO DE BRANCHETTES

1
Récolte 41 branchettes de 20 cm, lisses, de 5 couleurs différentes.
Il en faut :
1 de cornouiller rouge à 20 points,
5 de fusain vert à 10 points,
10 de frêne gris à 5 points,
10 de noisetier brun à 5 points,
15 de bouleau blanc et noir à 3 points
(tu peux bien sûr choisir d'autres espèces, dans la mesure où les couleurs des écorces restent bien différentes).

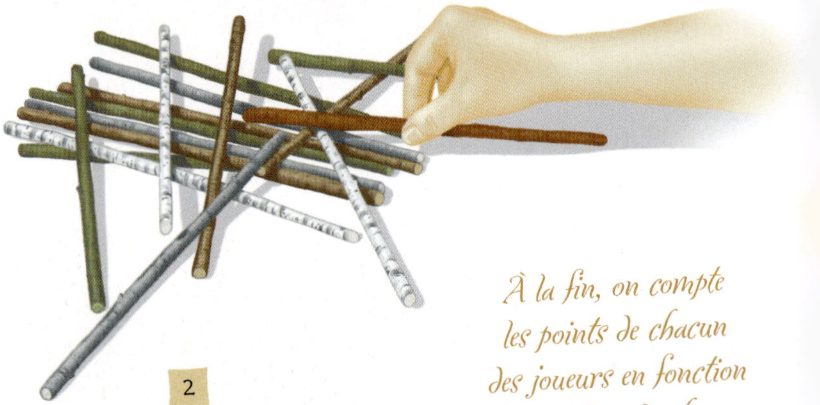

2
Le jeu commence. Un joueur laisse tomber les branchettes en tas. Il doit les enlever une à une, sans faire bouger les autres. Sinon, c'est au joueur suivant de continuer.

*À la fin, on compte les points de chacun des joueurs en fonction de la valeur de chaque branchette.*

## MOULINET DE NOIX

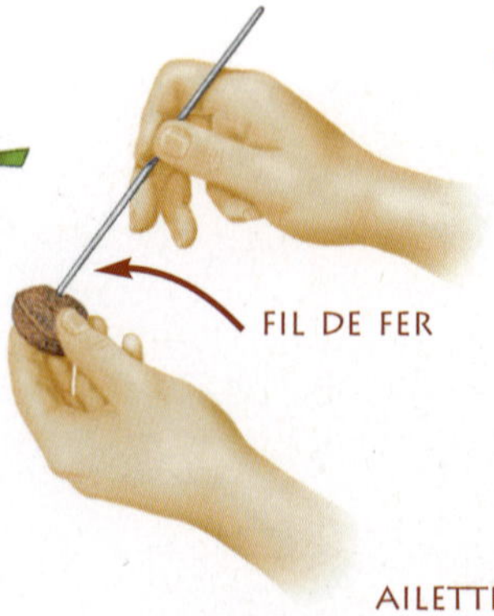


1

Perce 3 trous dans une noix (comme indiqué sur le dessin) et vide-la patiemment avec un fil de fer en crochet.

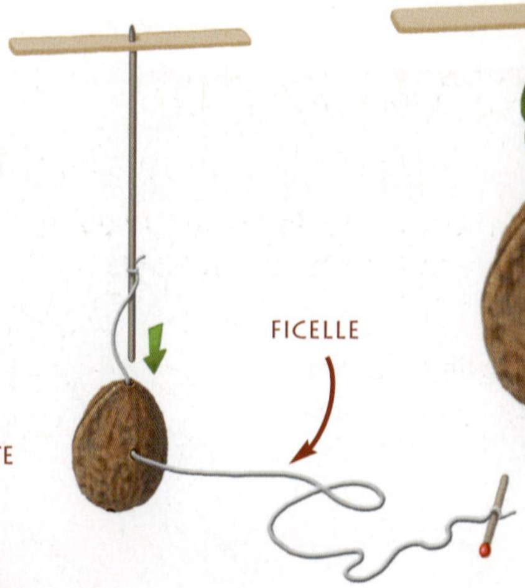

2

Dans un couvercle de boîte à camembert, fabrique une ailette d'environ 7 cm de long sur 1 cm de large, puis perce-la pour y coincer une baguette de bois ronde de 10 cm de long.

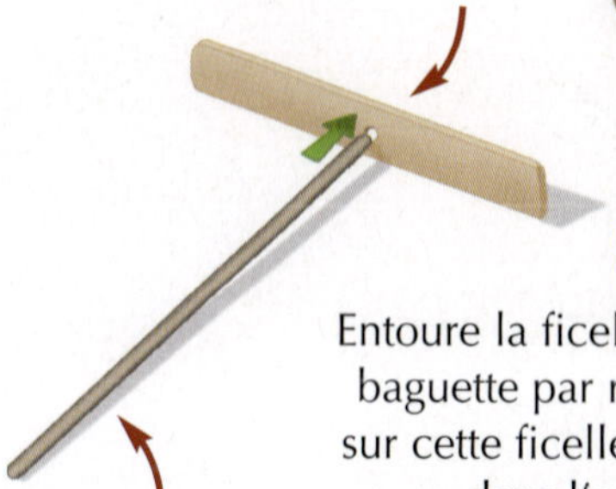


3

Fais passer de la ficelle de cuisine par 2 des trous de la noix et fixe les extrémités, l'une à la baguette, l'autre à une allumette. Introduis la baguette dans la noix.

4

Entoure la ficelle autour de l'axe-baguette par rotations. Puis tire sur cette ficelle en tenant la noix dans l'autre main…

*Attention, le moulin s'active !*

## FLÉCHETTES DE BARDANE

1

Récolte quelques fruits de bardane secs : tu reconnaîtras ce grand « chardon » à ses têtes sèches de fleurs violettes en épis, et surtout à ses crochets « attachants ».

2

Prends une plume et appointe-la. Plante la plume à la place de la tige (le pédoncule). Fais de même pour chaque bardane.

3

Découpe un disque dans un vieux pull, trace dessus des cercles concentriques à la craie et accroche cette cible sur un mur.

4

Les joueurs se placent à tour de rôle à quelques mètres de la cible avec les fléchettes…

*Et que chacun vise le « mille » !*

# L'HIVER

*Beaucoup d'insectes se sont endormis, les plantes se reposent. Pourtant, dans le froid, la nature frémit : une tige verte vient de percer le sol, un merle lance un trille timide, une ponte de grenouille apparaît dans la mare… L'hiver te réserve des surprises !*

TRAVAUX DE SAISON

# JARDIN DE JANVIER

C'est le moment idéal pour réfléchir au visage que tu voudras donner à ton jardin dans quelques mois. Et si tu faisais un jardin différent ? Tu pourrais, par exemple, inverser les parcelles de tomates et de petits pois, planter quelques arbres, installer des nouveaux nichoirs... Ainsi, tu auras l'impression d'avoir un jardin tout neuf, différent de celui de l'année passée !

## CONSERVE TES FRUITS ET LÉGUMES

*La saison des récoltes est finie, mais ce serait bien de conserver le plus longtemps possible des réserves de fruits et légumes pour en profiter tout l'hiver, comme un écureuil...*

Voici quelques conseils à suivre consciencieusement :

- Les pommes de terre seront bien au frais à la cave.
- Les potirons et autres courges aimeront la chaleur de la cuisine.
- Noix et noisettes sont à placer dans un panier suspendu au plafond de la cuisine ou du grenier.
- Ails et oignons, mis en tresses, sont à accrocher dans la cuisine.
- Pommes et poires bien alignées sont à mettre au frais dans une cagette.
- Carottes et panais seront bien dans un silo (une grande bassine remplie de sable sec) à la cave.
- Choux et poireaux seront laissés en terre, ou, s'il fait très froid, arrachés et suspendus la tête en bas.

*N'oublie pas de conserver tes récoltes à l'abri du froid... et des rongeurs gourmands.*

## À FAIRE AUSSI EN JANVIER...

PERCE-NEIGE

- Début janvier, replanter ton sapin de Noël.
- Planter les arbustes et les rosiers (hors période de gel).
- Répandre et enfouir du fumier au jardin.
- Préparer les massifs de pensées et de primevères.
- Mi-janvier, mettre des plants de pommes de terre à germer.
- S'il neige, secouer les branches trop chargées.
- Fin janvier, faire des bouquets de perce-neige.

## DES BRANCHES FLEURIES EN HIVER

*Faire entrer un morceau de printemps dans ta maison en plein hiver, c'est possible ! Il suffit de faire croire aux bourgeons que les beaux jours sont déjà arrivés…*

Fleurs d'amandier

Après les premières gelées (et après seulement), coupe des branches d'arbres ou d'arbustes à floraison précoce, comme les amandiers, les cerisiers, les pruniers, les prunelliers, les forsythias…

Si les branches sont gelées, laisse-les d'abord dégeler dans une pièce fraîche. Puis installe-les dans un vase rempli d'eau chaude (35 °C, pas plus).

*En quelques jours, les bourgeons vont s'ouvrir bien en avance, libérant leurs trésors de fleurs parfumées.*

## UN PLESSIS DU MOYEN ÂGE

*Le plessis, technique du Moyen Âge, est une petite clôture basse de tiges entrelacées, qui permet de délimiter les parcelles du potager et d'avoir un sol bien aéré.*

1 Délimite au sol ton futur carré. Retourne la terre, puis enfonce tes piquets de 40 cm tous les 30 cm environ.

2 Coince la 1re tige derrière un piquet d'angle, puis fais-la passer devant le suivant, derrière le 3e, devant le 4e… Et ainsi de suite jusqu'à l'angle d'en face. Recommence en intervertissant à chaque fois. Tasse bien les tiges.

Pour un plessis de 1 x 1 m et de 20 cm de haut, il te faut 12 piquets de 60 cm de haut (châtaignier ou acacia) et 15 à 20 tiges souples de 2,20 m de long (noisetier, saule ou châtaignier).

Persil

3 Remplis ton bac avec de la bonne terre. Il te reste, au printemps, à y mettre en place sauge, menthe, persil, cerfeuil et ciboulette.

LE HOUX

ARTISTE EN HERBE

# VEDETTES DE NOËL

L'épicéa, le houx et le gui ont la chance d'être toujours verts et, pour les deux derniers, de porter en plein hiver de superbes baies, rouges ou blanches. Résultat : ce sont les vedettes des fêtes de fin d'année !

## LA FÊTE DU HOUX

En plein hiver, certains pieds de houx se couvrent de belles baies rouges. Ce sont les pieds femelles (attention, ces baies sont toxiques). Les autres arbustes, ceux qui restent désespérément vides de fruits, sont les pieds mâles. Muni de ton sécateur, tu vas pouvoir rendre visite à ces dames couvertes de perles carmin et faire ta provision de décors. Mais n'oublie pas : pour vraiment porter bonheur, dit la légende, le houx doit être cueilli la veille de Noël...

## COURONNE DE HOUX

1

Découpe un disque de 50 cm de diamètre dans un carton épais.

2

Découpe un second disque de 40 cm de diamètre dans le premier, de façon à obtenir une « roue ».

3

Dépose dessus un fond de branchettes de sapin ou d'épicéa, en les accrochant avec du fil de fer vert perçant le carton.

4

Dispose ensuite des branchettes de houx chargées de baies, en les accrochant de même.

*Touche finale : un gros nœud de tissu rouge brillant ! Ta couronne est prête à être suspendue à la porte d'entrée de la maison.*

## FEUILLE DE HOUX MUSICALE

1

Prends une feuille de houx de belle taille. Avec un couteau (attention les doigts !), gratte doucement le centre de la feuille.

2

Tu dois réussir à enlever la pellicule brillante qui protège la feuille, mais sans la percer. Vas-y doucement, c'est très délicat…

3

Porte la feuille devant ta bouche et souffle dessus : tu vas ainsi faire vibrer la fine membrane qui reste. Ça chatouille !

## GUI PORTE-BONHEUR

Au temps des Gaulois, les druides récoltaient le gui sacré sur le chêne, arbre vénéré. La cérémonie se déroulait chaque année, juste après le solstice d'hiver, soit à peu de chose près entre Noël et le premier de l'an. Les Gaulois respectaient le gui parce que c'est le seul végétal à avoir des fruits parfaitement ronds et blancs… comme une petite lune. Un symbole vraiment important pour ce peuple qui avait peur que le ciel ne lui tombe sur la tête ou que le printemps ne revienne jamais ! Pour ces raisons, nos ancêtres attribuaient à cette plante de nombreux pouvoirs magiques… Aujourd'hui, on perpétue la tradition celtique en s'embrassant tous les ans sous un bouquet de gui accroché au plafond pour le nouvel an !

## UN NOËL … TOUJOURS VERT

Et si ton « sapin » de Noël (en fait, un proche cousin, l'épicéa) passait bien les fêtes, pour se retrouver ensuite dans ton jardin ?

1

Commence par ne pas choisir n'importe quel sapin : prends-le avec des racines et installe-le dans un grand pot.

2

Arrose-le régulièrement (pour que la terre ne soit jamais sèche), et surtout, place-le près d'une fenêtre, mais loin du radiateur.

3

Juste après Noël, garde-le dehors pour qu'il n'ait trop chaud, et puis plante-le au jardin en janvier ou février, un jour où la terre n'est pas gelée. L'été suivant, arrose-le autant que les fleurs.

LE GUI

# TON JARDIN EXOTIQUE

Cultiver des plantes exotiques à la maison, voilà bien le meilleur moyen de voyager sans bouger de chez soi ! En plus, tous ces végétaux venus du bout du monde vont donner rapidement un air de vacances permanentes...

## LA CHAYOTE DU COSTA RICA

On l'appelle aussi « cristophine » ou « chou-chou ». Son envie de pousser est telle qu'avant même d'être mise en terre, elle commence déjà à émettre de jeunes pousses !

1

C'est le moment de la mettre dans un pot, à moitié enterrée dans de la bonne terre de jardin. Installe-lui vite des tuteurs ou guide-la sur des fils de fer fixés au mur : elle s'y accrochera grâce aux petites vrilles de sa tige.

2

Si son pot est assez grand, qu'elle est bien nourrie et que tu n'oublies pas de l'arroser, elle grandira très vite, pouvant atteindre de 1,50 à 2 m en moins de 1 mois !

## L'AVOCAT DES BAHAMAS

1

Récolte son gros noyau et laisse-le sécher. Au bout d'un jour ou deux, la fine peau brune qui enveloppe la graine se détache un peu, enlève-la proprement sans blesser le noyau.

2

Ensuite, fais 3 petits trous à 2 cm au-dessus de sa base et plantes-y des allumettes. Installe le noyau « le cul dans l'eau » dans un verre et le tour est joué.

3

Dans quelques semaines, ton petit arbre va émettre sa première tige.

4

Il sera temps de le mettre en pot. Si tu coupes régulièrement sa tige terminale, il va se ramifier et pourra vivre plusieurs années !

## L'ANANAS DU PARAGUAY

1

Commence par découper la rosette de feuille d'un ananas bien vert en conservant 1 cm de chair.

2

Après avoir laissé sécher la coupe, plante-la dans un mélange de sable et de terreau jusqu'à la base des feuilles. Arrose souvent et vaporise de l'eau sur le feuillage (sans que l'eau ne s'accumule dans le pot).

3

La bouture ne prendra que si tu la places au chaud, à 18 °C, dans une pièce claire.

*Lorsque ta bouture aura pris, n'oublie pas de donner à ton ananas un peu d'engrais chaque mois.*

## LA PATATE DOUCE DU MEXIQUE

Rustique et vigoureux, ce légume tropical se contente d'un vase à col étroit (un vase à jacinthe), rempli d'eau du robinet, pour développer de véritables lianes.

1

Un tiers au moins de la patate douce doit baigner dans l'eau. Dès qu'elle aura mis des tiges, il faudra la nourrir une fois par mois avec de l'engrais liquide riche en azote.

2

Place-la ensuite en terre si tu veux qu'elle continue de grandir. Comme elle grimpe, installe-lui des tuteurs, et l'hiver, place-la dans une pièce chauffée à 18 °C.

### ET PUIS AUSSI...

Le théier d'Inde, le gingembre de Malaisie, le kumquat et l'oranger de Chine, le manguier de Ceylan, l'igname du Japon, le citronnier d'Inde, la passiflore et son fruit de la Passion du Brésil...

PROTECTION

# OPÉRATION NOURRISSAGE

L'hiver s'éternise et devient terrible pour les oiseaux : ils doivent affronter le froid, tout en n'ayant pratiquement plus rien à se mettre dans le bec. Sauf si tu leur prépares un plan de ravitaillement...

Un petit cadeau royal pour les sittelles et les mésanges : des morceaux de noix ou de noisettes...

Les pinsons et les verdiers préfèrent manger à terre plutôt que de jouer les acrobates. Éparpille donc sur le sol du tournesol, du blé, de l'avoine, du millet.

Quelques pommes, de préférence cuites ou pourries, seront becquetées avec grand plaisir par les merles et les grives.

## METTRE LA TABLE

S'il est bien conçu, l'intérêt d'un poste de nourrissage est multiple.

- Tu vas d'abord pouvoir proposer des aliments variés, permettant à un grand nombre d'oiseaux différents de venir s'approvisionner et de trouver exactement ce dont ils ont besoin.
- De plus, le monde attire le monde : l'intense activité qui régnera aux abords de ta cantine à oiseaux va se remarquer, et bientôt, toutes les petites boules de plumes affamées du voisinage vont accourir chez toi.

Un distributeur de simples miettes de pain dur, broyées très finement, ravira les moineaux.

Une simple boule de graisse fait le régal des mésanges.

Perce plusieurs trous dans une petite bûche et déposes-y de la graisse. Les pics épeiches et les mésanges adorent !

*Suspends la bûchette à une branche.*

## Au menu aujourd'hui…

Que donner à becqueter à ces oiseaux ? Leur graine préférée est celle du tournesol, parce qu'elle est riche en huile. Mais attention, n'utilise jamais de graines salées : le sel est toxique pour ces petits gourmands. Tu peux également offrir aux oiseaux du maïs, du blé, de l'avoine, du millet. Encore mieux, si tu ne veux pas casser ta tirelire : récolte dans la nature, à l'automne, des graines de plantes sauvages, comme celles du plantain, de l'oseille ou de la carotte sauvage. Il y a aussi les baies de lierre et de sureau, les glands et les vieilles pommes…

Les graines de tournesol feront le délice de nombreux petits passereaux.

## La demi-noix de coco

Enfantin ! Et cela fera le plus grand bonheur des mésanges acrobates !

1

Perce le sommet d'une noix de coco et récupère son lait (pour le boire…).

2

Fais-en 2 bols de nourrissage en la coupant en son milieu avec une scie à métaux. Ce ne sera pas plus mal de demander l'aide d'un adulte…

3

Perce ensuite un trou dans la seconde extrémité (avec une perceuse, merci les adultes !) et suspends-les toutes les deux, tête en bas.

## Petits distributeurs

Tu peux inventer toutes sortes de mangeoires très simples. En voici quelques modèles.

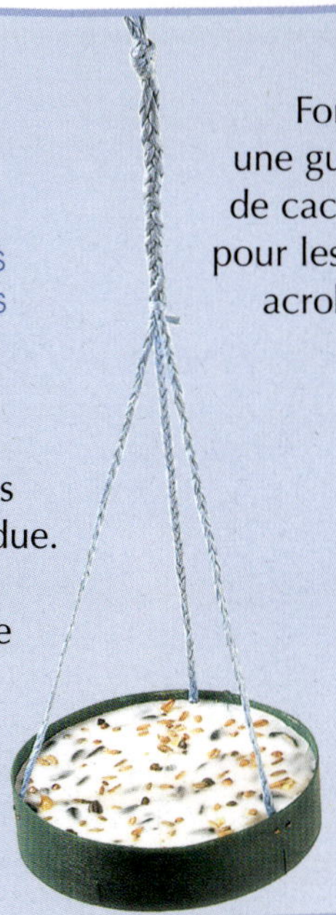

Mélange des graines dans de la graisse fondue. Verse le tout dans une boîte à fromage et laisse refroidir. Suspends la boîte à l'aide de 3 ficelles.

Forme une guirlande de cacahuètes pour les oiseaux acrobates.

Enferme des fruits secs dans un petit filet à suspendre.

Si tu installes tes mangeoires juste sous tes fenêtres, tu pourras surveiller d'un seul coup d'œil toutes les allées et venues de tes visiteurs.

# AU RESTAURANT DES OISEAUX

PROTECTION

Avec une seule mangeoire, il est bien difficile de contenter tout le monde... Alors établis un véritable poste de nourrissage dans ton jardin. Les visiteurs seront d'autant plus nombreux et variés.

L'IDÉAL EST D'APPROVISIONNER TON POSTE CHAQUE MATIN. N'EN METS PAS TROP À CHAQUE FOIS, ÉVITANT LE GASPILLAGE ET LA DÉTÉRIORATION PAR LA PLUIE OU LA NEIGE. TU POURRAS AUSSI ADAPTER TES CADEAUX À CE QUE « DEMANDENT » TES CONVIVES.

## LA MANGEOIRE BOÎTE DE LAIT

Au lieu de laisser partir à la poubelle les tétrabriques, ces boîtes rectangulaires contenant du lait ou des jus de fruits, récupère-les et découpe-les comme indiqué sur le dessin. Tu auras aussitôt une magnifique mangeoire, un peu légère mais parfaitement étanche.

ENCORE PLUS QUE POUR UNE MANGEOIRE ISOLÉE, TON POSTE DE NOURRISSAGE DOIT SE TROUVER DANS UN ENDROIT BIEN DÉGAGÉ, LOIN DE TOUTE CACHETTE À CHAT.

LE DISTRIBUTEUR DE MILLET ATTIRERA SURTOUT LES MÉSANGES ET LES ROUGES-GORGES.

## LA BARQUETTE ABREUVOIR

En hiver, quand il gèle très fort, les oiseaux ont aussi soif... Récupère une barquette en aluminium peu profonde et remplis-la d'eau tiède. Pose-la dehors à l'abri. Change l'eau au moins 2 fois par jour. Surtout, ne mets pas d'antigel ou de gros sel dedans pour qu'elle gèle moins vite : les oiseaux peuvent en mourir !

## LE PETIT POT DE GRAISSE

Pour trois fois rien, tu peux acheter chez ton boucher charcutier de la graisse de porc (du saindoux) ou de mouton (du suif).

1

Fais-la fondre au bain-marie dans une casserole et ajoutes-y un mélange de graines variées.

2

Perce un petit trou au fond d'un pot de yaourt vide. Passe dans ce trou un fil de fer pour la suspension. Colmate le reste du trou avec du papier et verse ton mélange graisse + graines un peu refroidi. Laisse la graisse durcir, puis démoule le tout.

Donne à manger aux oiseaux uniquement lorsqu'il gèle ou par temps de neige, jusqu'à la fin février. Quand il fait doux, les oiseaux sont capables de se débrouiller tout seuls, et c'est mieux pour leur santé.

## LA BOUTEILLE DISTRIBUTRICE

1

Dans une bouteille vide, découpe une fenêtre comme indiqué sur le dessin (3 côtés seulement sont à découper : le bas, le gauche et le droit).

2

Relève la fenêtre obtenue vers le haut en pliant le plastique, de façon à créer un « toit » et un accès vers l'intérieur de la bouteille.

3

Dévisse le bouchon et coinces-y une ficelle, puis revisse. Remplis de graines, accroche… C'est prêt !

### BILAN DES OPÉRATIONS

Si ton poste de nourrissage est bien installé, tu peux espérer recevoir de 200 à 250 convives par jour ! Il faudra donc assurer pour l'approvisionnement… Mieux encore : si la carte des menus est suffisamment riche, et pour peu que ton poste soit placé à la campagne, de 20 à 25 espèces différentes peuvent fréquenter plus ou moins régulièrement ton restaurant !

# LES VISITEURS DE L'HIVER

Quand arrive la mauvaise saison, les oiseaux migrateurs sont déjà loin, tout là-bas vers le sud. Seuls les omnivores et granivores restent dans nos régions en hiver, n'hésitant pas à s'approcher de nos maisons.

IDENTIFICATION

PASSEREAU ASSEZ GROS, IL PÈSE JUSQU'À 90 G ET MESURE 22 CM DE LA POINTE DU BEC À L'EXTRÉMITÉ DE LA QUEUE.

## L'ÉTOURNEAU SANSONNET

En hiver, les étourneaux de chez nous sont rejoints par des cousins d'Europe de l'Est, et ils forment de grandes bandes de milliers d'individus qui volent et se reposent ensemble sur des arbres dortoirs en ville.

*Il est omnivore.*

MINUSCULE BOULE ROSÉE, LA MÉSANGE À LONGUE QUEUE SE DISTINGUE PAR UNE QUEUE FINE, LONGUE DE PRESQUE 2 FOIS SON CORPS.

## LA MÉSANGE À LONGUE QUEUE

Une mésange à longue queue, 2 mésanges, 3, 4… Cet oiseau se déplace rarement seul à travers les branches des arbres nus, parents et jeunes de l'année cherchant ensemble, tout au long de l'hiver, de quoi subsister.

*Elle se nourrit d'insectes.*

## LA MÉSANGE NOIRE

S'il y a quelques conifères dans ton jardin, jette un coup d'œil sous leurs branches, la mésange noire adorant s'agripper aux touffes d'aiguilles avec ses longs doigts fins. C'est une visiteuse des villes plus fréquente en hiver, le manque de nourriture lui faisant perdre de sa méfiance naturelle.

*Elle mange des insectes et des graines.*

SA TÊTE ET SA GORGE SONT NOIRES, SES JOUES BLANCHES ET SON DOS BRUN.

De 13 à 15 cm de longueur, avec une envergure de 23 cm, le ventre crème et le dos gris, la fauvette à tête noire est plutôt de couleur discrète… si ce n'est sa calotte noire.

## La fauvette à tête noire

Ne la cherche pas trop en hiver si tu habites au nord de la Loire : cette migratrice partielle préfère les jardins du Sud pendant la mauvaise saison.

*Elle se nourrit d'insectes et de fruits.*

C'est la plus grande des mésanges, avec ses 14 cm. Son ventre jaune est traversé de haut en bas par une bande noire.

## La mésange charbonnière

Bien qu'elle soit assez commune dans les jardins, et cela tout au long de l'année, ne la cherche pas trop en hauteur : moins habile que les autres mésanges, elle passe beaucoup de temps à se nourrir au sol.

*Elle se nourrit d'insectes, de baies et de graines.*

Son nom le dit bien, cet oiseau minuscule porte une superbe calotte bleu vif, en plus de son dos gris bleuté.

## La mésange bleue

Regarde cette insatiable acrobate effectuer ses jongleries perpétuelles, suspendue la tête en bas à la plus fine des branches. Cette gymnastique lui permet de déloger les moindres graines au bout des rameaux les plus fins alors qu'elles étaient inaccessibles pour les autres oiseaux.

*Elle mange des insectes et des graines.*

## LE VERDIER D'EUROPE

En hiver, il fréquente couramment les mangeoires, plutôt en bande. Et si tu as tendance à prolonger tes nourrissages au-delà de la mauvaise saison, cela peut inciter certains de ces oiseaux à s'installer chez toi, en construisant carrément leur nid à proximité de la source de nourriture…

*Il se nourrit de graines et de bourgeons.*

PLUTÔT DANS LES TEINTES VERT OLIVE, IL A LES PATTES ET LE BEC ASSEZ FORTS, TEINTÉS DE ROSE CHAIR.

## LE ROUGE-GORGE

C'est un familier des parcs et des jardins. En hiver, il devient si familier qu'il pourra se poser sur le rebord de ta fenêtre ! Cependant, ne t'y trompe pas : en fait, ce sont souvent des rouges-gorges venus du nord, moins craintifs, qui fréquentent ainsi nos jardins à la mauvaise saison et non des oiseaux autochtones qui deviendraient moins craintifs…

*Il mange des insectes, des vers et des baies.*

PESANT À PEINE 20 G, IL MESURE 14 CM, DE LA POINTE DU BEC À L'EXTRÉMITÉ DE LA QUEUE. ON LE RECONNAÎT À SON BEAU PLASTRON ROUGE.

LE MOINEAU DOMESTIQUE MÂLE A LE DESSUS DE LA TÊTE GRIS ET UNE GORGE NOIRE. SON DOS EST BRUN, SON VENTRE GRIS PÂLE.

## LE MOINEAU DOMESTIQUE

Tu le verras certainement sur tes mangeoires, mais aussi sur le rebord de tes fenêtres ou sur le pas de ta porte, pour peu que tu y déposes quelques miettes… Il se nourrit généralement au sol, mais n'hésite pas à grimper sur les tables si la faim l'y pousse.

*Il est omnivore.*

Couleurs délicates pour cet oiseau, à la calotte gris ardoise (chez le mâle) et au plastron rosé s'éclaircissant en hiver.

## La sittelle torchepot

Attention, oiseau caractériel et dominateur… Assez agressive, la sittelle fait sa loi sur les postes de nourrissage. S'imposant bruyamment, elle est capable de chasser jusqu'aux vifs rouges-gorges et mésanges agiles.

*Elle se nourrit d'insectes et de graines.*

Toute fine, de la pointe du bec à la queue bien raide, la sittelle torchepot est un oiseau bicolore, au dos gris ardoise et au ventre chamoisé.

## Le pinson des arbres

Il adore les arbres. C'est donc dans les arbustes et les haies de ton jardin qu'il faudra le guetter… même s'il se nourrit volontiers au sol. Souvent en bande en hiver, il fréquente les mangeoires… sauf quand elles sont squattées par les moineaux, trop batailleurs à son goût.

*Il mange des graines et des insectes.*

Avec son plumage noir et son bec jaune vif, ce gros oiseau très commun est bien connu.

## Le merle noir

Surveille bien les tas de feuilles mortes le long des plates-bandes ou dans le compost, le merle adore les retourner pour y chercher quelques vermisseaux égarés dans le froid. Ne lève pas trop la tête en tout cas pour le trouver, il passe le plus clair de l'hiver au sol, le long des haies et dans les haies, à farfouiller un peu partout.

*Il se nourrit de vers, d'insectes et de fruits.*

# L'EAU DANS LA VILLE

ENQUÊTE NATURE

Ouf, la pluie vient de s'arrêter. Mais dans ta rue, ça coule, ça ruisselle, ça grossit... Incroyable comme la pluie peut vite créer des rivières urbaines ! Pars sur la piste de cette « eau courante ».

## FONTAINES

Dans les villes, les fontaines étaient autrefois les seuls points d'approvisionnement en eau. Aujourd'hui, des milliers de kilomètres de tuyaux courent sous les rues pour acheminer cette eau directement dans nos maisons. Avant, elle a été pompée dans des rivières ou sous terre, et traitée dans des usines d'assainissement qui l'ont rendue potable.

LES NOMS DES PLAQUES DE RUE DONNENT PARFOIS DES INDICATIONS SUR L'IMPORTANCE DE L'EAU AUTREFOIS DANS CERTAINS MÉTIERS : RUE DES BLANCHISSEURS, PLACE DES TEINTURIERS...

## INONDATIONS

Chaque printemps ou presque, les quais des fleuves urbains se retrouvent sous l'eau. Ces inondations à répétition ne sont malheureusement pas étonnantes : le sol des villes étant de plus en plus recouvert de goudron et de béton, l'eau ne peut plus s'infiltrer dans le sol...

## MAIS OÙ VA L'EAU ?

Après être passée dans ta maison, l'eau repart dans le sol et les rivières, après avoir été « nettoyée » en partie dans les stations d'épuration des villes.

Alors autant éviter le plus possible de la polluer avec des produits chimiques et utiliser les trucs que nos grands-parents connaissaient bien :

- Ils se lavaient les mains en se frottant avec des fleurs de saponaire, une belle fleur blanche poussant le long des chemins.
- Ils lavaient le linge avec du savon de Marseille en paillettes, très peu polluant.
- Ils nettoyaient les sols en carrelage avec de l'huile de lin.
- Ils enlevaient les traces sur les vitres avec du vinaigre blanc.

SAPONAIRE

CANAUX

Parfois, l'eau a été amenée par les hommes dans les villes au moyen de canaux, qui peuvent également déborder !

## L'EAU DANS TOUS SES ÉTATS

- L'eau douce disponible représente moins de 1 % de toute l'eau présente sur Terre ! Tout le reste est salé (les océans), ou gelé (la banquise).
- Et encore : l'eau des rivières et des lacs ne représente qu'une petite partie de l'eau douce disponible sur Terre. La plus grande partie (97 % !) se trouve sous nos pieds, dans les nappes phréatiques du sous-sol.
- Tous les produits chimiques utilisés au jardin se retrouvent eux aussi dans ces nappes phréatiques, les polluant pour des dizaines d'années…
- Ton corps est composé d'eau à 70 % ! Soit, si tu pèses environ 20 kg, 14 kg d'eau…
- Une maison de 150 $m^2$ reçoit sur son toit 90 000 l d'eau de pluie par an en France.
- Toute l'eau qui arrive dans ta maison a subi des traitements lourds et coûteux pour devenir potable. Pourtant, seul 1 % de l'eau potable passant par la maison est bue !
- Un bain utilise environ 200 l d'eau, une chasse d'eau 11 l, un lavage de voiture au jet 200 l.

À TROUVER DANS LES EAUX PURES

LARVE DE TRICHOPTÈRE

LARVE D'ÉPHÉMÈRE

ENQUÊTE NATURE

# TA RIVIÈRE EST-ELLE POLLUÉE ?

En bas du village coule un joli petit ruisseau. Tu veux savoir s'il est en bonne santé ? Pas besoin d'analyses compliquées, les petites bêtes aquatiques qui y vivent vont te donner de précieuses indications.

## AU BORD DE L'EAU

En observant le cours d'eau, tu peux déjà noter un certain nombre de points : y a-t-il des détritus sur les berges ? L'eau sent-elle mauvais ? Le fond est-il couvert de vase ? Tout cela n'est pas très bon signe… Mais attention : une rivière boueuse peut être en bonne santé, alors qu'une eau claire peut contenir des produits toxiques invisibles… Comment savoir, alors ? C'est là que les petites bêtes entrent en scène.

## CHERCHER LA PETITE BÊTE

De multiples espèces d'invertébrés vivent à l'état larvaire dans l'eau des rivières. Mais toutes n'ont pas les mêmes exigences : certaines espèces ne peuvent survivre que dans des eaux très oxygénées et fraîches, alors que d'autres se portent très bien dans les eaux sales, vaseuses et peu oxygénées. Ainsi, en observant ces animaux, tu vas pouvoir faire le bilan de santé de ta rivière.

## AU TRAVAIL !

1

Soulève délicatement quelques pierres et cherche bien les nombreuses larves d'insectes et autres petits animaux qui y vivent, discrètement accrochés.

2

Tu peux aussi racler le fond de l'eau avec une épuisette, à contre courant, et sur quelques mètres : de nombreux invertébrés s'y trouveront ainsi piégés.

3

Verse délicatement ta « récolte » dans une bassine claire. Compte le nombre d'animaux différents et trie-les éventuellement « par ressemblance » dans plusieurs gobelets.

4

Ensuite, l'affaire est simple : plus le nombre d'espèces est grand, et plus ta rivière a des chances d'être pure.

### MILLE ET UNE ADAPTATIONS

PROFITE DE TON ENQUÊTE POUR OBSERVER LES PETITS ANIMAUX VIVANT DANS LA RIVIÈRE, CHACUN A SA MANIÈRE BIEN À LUI POUR VIVRE CACHÉ DANS LE COURANT : LES LARVES DE PLÉCOPTÈRES ET D'ÉPHÉMÈRES ONT DES FORMES APLATIES, IDÉALES POUR SE GLISSER SOUS LES ROCHERS ; LES PETITS ESCARGOTS D'EAU DOUCE SONT VENTOUSÉS ; LES LARVES MOLLES DE TRICHOPTÈRES S'ABRITENT DANS DES FOURREAUX DE CAILLOUX OU DE BRINDILLES...

### À TROUVER DANS LES EAUX POLLUÉES

SANGSUE

ASELLE

LARVE DE CORÈTHRE

# DES PARFUMS PLEIN LA MAISON

ARTISTE EN HERBE

Avec le froid, les odeurs s'endorment au jardin... Heureusement, épices, oranges et citrons arrivent à point pour nous offrir un hiver sucré. Il suffit de les « préparer » un peu et de réveiller leurs arômes.

## TRANCHES D'AGRUMES SÉCHÉES

1

Découpe des tranches d'agrumes de 1/2 cm d'épaisseur. Enfile-les par le centre sur un fil et place ces guirlandes au-dessus d'un radiateur pour les faire sécher.

### ORANGES À ÉTINCELLES

LA PEAU ÉPAISSE DES ORANGES (MAIS AUSSI DES CITRONS, DES MANDARINES...) ABRITE DES PETITES POCHES D'ESSENCES AROMATIQUES QUI CONCENTRENT LEUR PARFUM. CES ESSENCES PORTENT BIEN LEUR NOM, CAR ELLES SONT INFLAMMABLES. TU PEUX LE VÉRIFIER EN PRESSANT UNE PEAU D'ORANGE JUSTE DEVANT LA FLAMME D'UNE BOUGIE : MAGIQUE, CELA PRODUIT DES PETITES ÉTINCELLES !

TU PEUX AUSSI GLISSER TES TRANCHES D'AGRUMES DANS UN PETIT SAC DE TOILE, À METTRE DANS L'ARMOIRE À LINGE.

2

Après plusieurs jours, les tranches sont bien sèches, tu peux les disposer dans une petite corbeille en osier et les poser près d'un radiateur, le parfum ne s'en dégagera que mieux.

# FRUITS PIQUÉS DE CLOUS … DE GIROFLE

1

Commence par entourer ton fruit avec du Scotch, à l'emplacement futur du ruban. Pique des clous de girofle partout ailleurs dans le fruit. Tu peux les piquer au hasard, ou alors créer des motifs : spirales, ronds, fleurs…

Dans tous les cas, laisse un espace entre chaque clou, car lorsque le fruit va sécher, il va se ratatiner et les clous vont se rapprocher les uns des autres, jusqu'à créer une boule de clous de girofle.

2

Enlève le Scotch et entoure le fruit d'un ruban. Suspendu, il parfumera ta maison pendant des semaines.

# POTS-POURRIS ODORANTS

Les pots-pourris portent mal leur nom, puisqu'ils sentent très bon. Quand tu les confectionnes, invente des alliances de senteurs, selon tes goûts, et pense aussi à un élément essentiel : leur harmonie visuelle.

*Quand tu as terminé, pose-les près d'un radiateur pour qu'ils dégagent leurs parfums.*

TRAVAUX DE SAISON

## NAISSANCE D' UN CITRONNIER

*Sur un coin du buffet, un vieux citron semble abandonné. Touche-le, il est tout mou, presque immangeable. C'est le moment idéal pour faire germer ses graines !*

1

Remplis des pots de terre fine et de terreau, puis sème dans chacun, à 1 cm de profondeur, 1 ou 2 pépins. Pose chaque pot sur une coupelle et place-les devant une fenêtre, près du radiateur.

2

Arrose 2 fois par semaine. Tu peux aussi couvrir les pots d'un sac en plastique transparent, pour maintenir l'humidité.

3

15 jours à 3 semaines plus tard, les jeunes plants apparaissent.

Garde le plus beau de chaque pot et repique-le dès qu'il a 4 ou 5 feuilles dans un pot un peu plus grand. Donne-lui un peu d'engrais liquide, arrose-le, en attendant de pouvoir le greffer un jour pour qu'il produise à son tour de beaux fruits jaune d'or.

# JARDIN DE FÉVRIER

Le froid, le silence, la terre dure et nue... Brrr, pas très amusant, le jardin en hiver. Tout semble éteint, presque mort. Et pourtant, dans quelques semaines, des pousses vertes vont sortir de terre, des bourgeons vont s'ouvrir de toute part. En fait, durant son sommeil, le jardin prend des forces !

## À FAIRE AUSSI EN FÉVRIER...

NARCISSE

- Début février, lancer les semis de tomates en caissette, bien au chaud dans la maison.
- Dégager les tulipes, narcisses, jacinthes qui apparaissent sur la pelouse.
- Mi-février, remplacer les arbustes morts de ta jeune haie.
- Planter les premières laitues et les premiers radis sous châssis.
- Avant la fin février, construire et poser des nichoirs pour les oiseaux.
- Manger les premiers pissenlits.

## BOULES VÉGÉTALES

*Imagine ton jardin peuplé de ballons végétaux… Cette vision étrange sera possible l'été prochain si, dès maintenant, tu prépares des armatures pour faire perdre la boule à des plantes grimpantes…*

Clématite

Pour construire une boule de 40 cm de diamètre environ, choisis 4 rameaux (de saule, châtaignier ou noisetier) de 60 cm de long.

1 Taille leurs extrémités en biseau et assembles-en 2 en les courbant, puis en les ligaturant bien avec du fil.

2 Refais la même chose avec les 2 autres rameaux, en les assemblant par-dessus le premier cercle. Lie ces 2 cercles aux 2 points de croisement de manière à former une croix.

3 Sur ce « squelette », tresse d'autres rameaux, en utilisant les cercles comme points d'appui.

Il te reste à installer ta boule au jardin, simplement posée au sol. Plante autour des grimpantes (chèvrefeuille, clématite, lierre…) et palisse-les au fur et à mesure de leur croissance.

## MINICHAMP DE BLÉ

*Sauvages ou cultivées, les graminées te permettent de créer des décors colorés et originaux. Si le blé se récolte en plein été, c'est en hiver qu'il faut le semer !*

Blé

Pas besoin d'un grand jardin pour avoir son « champ » de blé, une simple jardinière suffit.

1 Remplis la jardinière de terre légère, avec un peu d'engrais complet.

2 Sème en surface les grains de blé (1 grain tous les 5 cm) et enterre-les avec un petit râteau. Enfin, tasse avec une grande spatule en bois.

3 Arrose une fois par semaine.

Très vite, ta jardinière va se couvrir d'un tapis de pousses vertes et tendres. Puis les tiges vont s'allonger, pour former des épis en juillet et prendre une belle couleur dorée.

Ce sera alors le moment de les récolter, pour faire de beaux bouquets secs… ou encore du pain !

BRICOLAGE

# UNE CABANE VIVANTE

Imagine que, dans un coin du jardin, se dresse ta cabane… Mais si, en plus, cette cabane-tipi poussait et grandissait, ce serait vraiment magique ! En utilisant une plante merveilleuse, le saule, ce rêve va devenir réalité.

## MATIÈRE PREMIÈRE

Il te faut 21 grands rejets de 2,50 m et 4 ou 5 fagots de branches souples plus petites. Si tu n'en as pas chez toi, fais un tour dans ton quartier. L'hiver, c'est l'époque de la taille et les jardiniers seront heureux de te donner leurs branches coupées.

## 1 PRÉPARATION

Enlève l'écorce du pied des grandes perches sur 15 cm (attention à ne pas abîmer le bois). Trace au sol l'emplacement du tipi, d'un diamètre de 1,50 m. Creuse autour une tranchée de 30 cm de large et 50 cm de profondeur, sauf à l'emplacement de la porte (sur 50 cm).

## 2 CONSTRUCTION

Dispose les 3 plus grosses perches en triangle, et attache-les à leur sommet. Répartis ensuite régulièrement les perches restantes. Lie le tout solidement au sommet.

*tu dois avoir 6 perches entre 2 grosses, sauf au niveau de la porte.*

## 3 MISE EN TERRE

Rebouche la tranchée avec de la bonne terre et du terreau, tasse le sol autour de chaque bouture géante que tu viens de réaliser.

4

## FINITION

Élève des murs avec les fagots de branches souples : entrelace-les entre les montants des perches, en commençant par le bas. Ne les serre pas trop, pour laisser la place aux jeunes branches qui vont pousser au printemps.

*Applique-toi : la réussite de ta cabane dépend de la qualité du tressage.*

### COMMENT ÇA MARCHE ?

Le saule est l'arbre idéal pour réaliser cette cabane, parce qu'il est souple, droit, et surtout très facile à bouturer : sa capacité de développement de nouvelles racines le long d'une tige fraîche est l'une des plus étonnantes du monde végétal. Pour le voir facilement, trempe quelques tiges dans un bocal empli d'eau : en quelques jours, les premières racines vont sortir !

5

## ARROSAGE

Arrose régulièrement et copieusement : le saule, pour reprendre, a besoin d'énormément d'eau. Au début, il faut lui donner au moins 2 gros arrosages par semaine.

*Au printemps, les branches se sont garnies de feuilles ; bientôt, on ne verra plus à travers.*

### ENTRETIEN

Dès le premier été, entrelace (sans les couper ni les abîmer) les jeunes rameaux qui ont poussé le long des perches. À l'automne ou au début de l'hiver, coupe les extrémités qui dépassent à l'intérieur ou à l'extérieur, elles pourraient te griffer. Coupe également les rejets supérieurs pour favoriser le développement des pousses à la base. Quant aux rejets de la base, continue de les tresser et de les attacher entre les perches.

## MESURER LA POLLUTION

Les lichens sont ce que l'on appelle des « plantes bio-indicatrices » : très sensibles à la pollution de l'air, ils réagissent nettement quand l'air n'est pas sain, poussant plus lentement, semblant se recroqueviller, certains finissant même par mourir.

Chaque espèce de lichen a en effet un seuil de résistance propre, toutes n'ont pas la même sensibilité. Les savants les utilisent donc pour mesurer le degré de pollution de l'air d'une région ou d'une ville donnée, simplement en les regardant vivre (ou survivre), en étudiant leur répartition et leur diversité au fil des mois et des années.

ENQUÊTE NATURE

# L'AIR EST-IL POLLUÉ ?

Gris, verts, jaunes, blancs, rouges...
Les lichens en voient de toutes les couleurs !
Pas étonnant : ces drôles de plantes sont très sensibles à la pollution de l'air.
Un avantage : elles permettent de connaître la qualité de l'air ambiant.

1 Les lichens « chevelus » vivent là où l'air est parfaitement pur, en montagne, par exemple. Inutile, en tout cas, de les chercher dans les villes...

2 Ce lichen cladonie est en bonne santé : les étranges petites massues qu'il porte sont la preuve qu'il est en plein développement.

## L'ÉCHELLE DE POLLUTION DES LICHENS

Comme les scientifiques, toi aussi, en traquant les lichens qui poussent près de chez toi, tu vas pouvoir évaluer la qualité de l'air que tu respires...

3 Ce lichen en forme de feuilles verdâtres peut résister à une pollution légère. Mais dans ce cas, sa croissance se ralentit.

## NOMBREUX, MAIS… DISCRETS !

Sur les branches d'arbre, les troncs, les pierres ou même les vieilles voitures, les lichens poussent vraiment partout… mais ils sont discrets. À toi de les dénicher : il en existe 14 000 espèces de par le monde !

5 Ce lichen en feuilles, appelé « Xanthoria », est capable de bien résister à des fortes pollutions. On le trouve donc facilement en ville.

4 Cet autre lichen chevelu a quand même beaucoup moins de « cheveux » que le premier. D'ailleurs, il est capable de résister à des pollutions moyennes.

6 Cet autre lichen, dit « crustacé », résiste bien à la pollution de l'air. Pire encore : il apprécie les endroits pollués par les nitrates !

## LA PLANTE DOUBLE

Oui, le lichen est bien une plante, malgré les formes minérales qu'il prend parfois. Ou plutôt, le lichen est « deux plantes en une »… Ce végétal est, en effet, la « fusion » d'une algue et d'un champignon, tous deux minuscules. L'algue, grâce à sa chlorophylle, fabrique la sève indispensable au champignon. Et celui-ci, en échange, retient l'eau de pluie et ses indispensables sels minéraux. Résultat : une association du tonnerre, capable de vivre n'importe où !

# HAUT LES MASQUES !

ARTISTE EN HERBE

Une feuille de chou qui devient
un masque à gros nez, de longues fougères
qui se transforment en plumes d'indien…
Le jardin et la nature te réservent mille surprises
pour le carnaval. À condition de savoir
les regarder autrement, avec de l'imagination…
et beaucoup d'humour !

## LA TÊTE DE CHOU

1

Découpe un « loup »
dans du carton un peu fort
(une boîte à chaussures par exemple),
sans oublier les trous pour
les yeux. Agrafe dessus
le fil élastique.

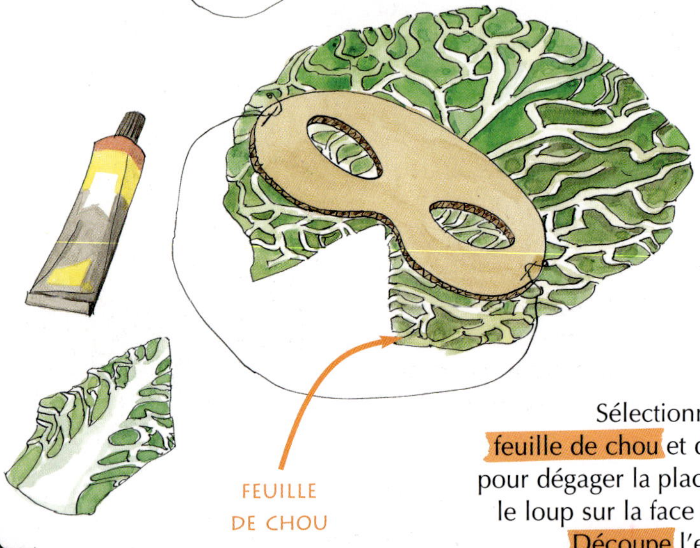


2

Sélectionne une belle et large
feuille de chou et découpe un triangle à sa base
pour dégager la place de ton nez. Colle (ou agrafe)
le loup sur la face interne de la feuille de chou.
Découpe l'emplacement des yeux
sur la feuille, et c'est fini !

3

Tu peux,
pour agrémenter,
coller 2 petites feuilles
ou 2 grosses graines
au-dessus des yeux
pour représenter
les sourcils.

### CARNAVAL ÉPHÉMÈRE

Ces masques ne résisteront pas longtemps : quelques jours à peine, et ils se faneront… Mais tu peux les réaliser rapidement et en inventer d'autres presque chaque semaine, en fonction de ce que t'offrira la nature.

## LES YEUX DE LIERRE

1

Commence par récolter des feuilles de lierre, petites et moyennes, très vertes et panachées, dont tu enlèveras la tige.

2

Découpe un loup dans du carton rigide et agrafe un fil élastique. Colle les feuilles de lierre en arc de cercle autour des ouvertures pour les yeux, en commençant par les petites et en faisant un deuxième cercle avec les moyennes.

3

Tu peux ensuite coller quelques graines colorées (grains de poivre, de café, lentilles, pois cassés…) sur les feuilles, ou encore agrafer une « traîne » de brins de raphia sur les côtés du masque.

## L' INDIEN VÉGÉTAL

1

Découpe 2 loups de carton de même dimension. Agrafe un fil élastique sur le premier, et recouvre-le de graines plates (courge, tournesol…), en les collant en arc de cercle autour des trous pour les yeux.

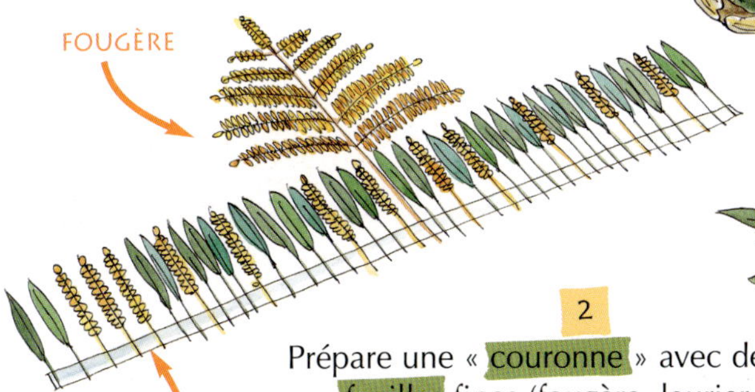

2

Prépare une « couronne » avec de longues feuilles fines (fougère, laurier-rose, eucalyptus…), en les maintenant les unes à côté des autres avec du Scotch.

3

Place cette couronne à l'arrière du premier masque, puis colle par-dessus le deuxième loup, de telle façon que les feuilles se retrouvent prises en sandwich.

*Agrémente de quelques petites graines peintes de couleurs vives…*

À TROUVER DANS LA NATURE

**LE POTAMOT NAGEANT**

POUSSE VITE ET A TENDANCE À DEVENIR ENVAHISSANT…

**LA RENONCULE AQUATIQUE**

BELLE PLANTE AUX FLEURS BLANCHES.

TU PEUX AUSSI NE T'OCCUPER QUE DE PLANTES LOCALES, CELLES QUI POUSSENT NATURELLEMENT DANS TA RÉGION : RENDEZ-VOUS ALORS À LA MARE LA PLUS PROCHE, LE SERVICE Y EST ABONDANT ET GRATUIT ! CELA DIT, FAIS TES PRÉLÈVEMENTS AVEC MODÉRATION TOUT DE MÊME (PRENDS UN SEUL PIED POUR 10 PRÉSENTS)…

TU PEUX AUSSI TROUVER ASSEZ FACILEMENT DES CÉRATOPHYLLES (OU CORNIFLES). IL SUFFIT DE COUPER QUELQUES TIGES ET DE LES METTRE EN BOUTEILLE, ÇA PREND !

JARDINS SPÉCIAUX

# UN JARDIN EN BOUTEILLES

Les plantes aquatiques, on y pense seulement quand on a un aquarium. Dommage… Car ces belles plantes ondulantes se contentent d'une bouteille pour pousser… à condition de ne pas y loger en plus des poissons rouges !

## IMMERSION

**1**

Récupère des bouteilles en plastique et débarrasse-les de leur étiquette. Commence par les remplir d'un fond de terre et d'eau douce. Si c'est de l'eau du robinet, laisse-la 24 h en bouteille sans rien faire d'autre : le temps que le chlore qu'elle contient s'évapore et que sa température avoisine les 20 °C (un minimum pour les plantes aquatiques tropicales).

**2**

Puis glisse tes plantes (une par bouteille, pas plus) par le goulot (coupe un peu le haut des bouteilles si nécessaire), après avoir lesté leur pied en nouant une pierre ou un gros plomb de pêche autour des racines. Installe tes bouteilles bien à la lumière, sans jamais les fermer.

*Ton jardin aquatique est créé…*

POUR TES CULTURES EN BOUTEILLE, CHOISIS UNIQUEMENT DES PLANTES « DE PLEINE EAU », C'EST-À-DIRE VIVANT TOTALEMENT IMMERGÉES. PRENDS DES PETITES ESPÈCES, CAR TES BOUTEILLES OFFRENT UN ESPACE RÉDUIT… POUR LES TRANSPORTER, UTILISE DES PETITS SACHETS PLASTIQUES ÉTANCHES ET TRANSPARENTS.

## À trouver en animalerie

**L' échinodorus amazone**

Cette plante vient, comme son nom l'indique, d'Amérique du Sud. Elle fabrique 2 ou 3 feuilles par mois !

**L' élodée**

Venue d'Argentine, ou du Canada selon les espèces, elle fabrique beaucoup d'oxygène.

**La ludwigie d' Amérique du Sud**

Attention : elle pousse tellement rapidement qu'elle risque de vite se sentir à l'étroit dans sa bouteille…

**La myriophylle ou volant d' eau**

Elle a des feuilles en plumeau.

**La sagittaire naine ou flèche d' eau**

Elle va se développer en formant un « gazon aquatique ».

Bien sûr, tu peux acheter ces plantes dans une animalerie, au rayon des aquariums. Tu trouveras alors un bel assortiment de végétaux tropicaux.

Dans un aquarium, les plantes aquatiques ne sont pas là que pour la décoration : elles fabriquent de l'oxygène, nettoient l'eau, et offrent aux poissons des lieux de ponte et des refuges pour leurs bébés. Rien que ça !

TRAVAUX DE SAISON

## DU TOURNESOL POUR LES OISEAUX

*Installe un soleil dans ton jardin : fais pousser un tournesol. Cette belle et grande fleur est facile à cultiver et, en plus, elle fera le bonheur des oiseaux l'automne suivant.*

Dans de la bonne terre fine, sème une graine tous les 30 cm environ à 4 ou 5 cm de profondeur. Très vite, 2 gros cotylédons vont apparaître : c'est la période délicate, il faut bien les protéger des limaces et du froid…

À partir de là, tu n'as plus grand-chose à faire : la plante pousse très vite et, au bout d'une longue tige (certaines variétés font plus de 3 m de haut, et le record mondial à battre est de 7,75 m !), apparaîtra bientôt une magnifique fleur-soleil brillant de mille éclats.

Impératif : tuteure les tiges, sinon les grosses pluies et le vent risquent de les casser. Après la floraison, laisse tes têtes de tournesol en place : avec leurs multiples graines riches en huile, elles feront de véritables « restaurants » naturels pour tous les oiseaux du voisinage !

# JARDIN DE MARS

Voici revenu le temps des mille et une activités de jardinage ! Les jours s'allongent peu à peu, le soleil se fait un peu plus doux chaque jour et la pluie vient régulièrement apporter son « grain de sel ». Le printemps s'annonce saison idéale pour démarrer de nombreuses cultures. Alors prends tes pots, tes semis et tes outils : la terre n'attend que toi pour faire éclore des merveilles.

## À FAIRE AUSSI EN MARS…

AUBERGINE

- Début mars, semer les premiers radis et le premier mesclun (mélange) de salades.
- Faire une soupe d'ortie.
- Semer les dernières fèves et les petits pois.
- Mi-mars, nourrir les arbres fruitiers avec du fumier ou du compost bien décomposé.
- Semer coquelicots, œillets de Chine, bleuets, eschscholtzias…
- Fin mars, semer tomates, poivrons et aubergines à l'abri.

## MINIPOTAGER FLOTTANT

*Imagine des salades ou des radis poussant sur un petit radeau, flottant au milieu de ta mare, dansant au gré du vent… Un rêve étrange ? Pas du tout : une réalité bien amusante à construire toi-même !*

Laitue

1 À l'aide d'une vrille, perfore des bouchons de liège dans le sens de la largeur. Puis passe un fil de fer à travers chacun d'eux jusqu'à former un collier (chaque bouchon doit toucher ses voisins).

2 Dispose ce collier autour de la partie haute d'un grand saladier, comme pour former une bouée. Fixe solidement ce collier en serrant le fil de fer avec une pince.

3 Place du gravier au fond du saladier sur 4 cm de hauteur. Pour t'assurer que ce lest est suffisant, n'hésite pas à faire des tests dans un évier. Complète avec de la terre.

4 Sème quelques graines, arrose-les modérément, et laisse-les désormais pousser en voguant sur l'eau de ton bassin.

## FUTURS BOUQUETS SECS

*Tu aimes faire des bouquets secs pour les offrir à tes amis, créer des tableaux végétaux ? Alors c'est le moment ou jamais de semer les plantes qui vont te permettre, une fois séchées, d'exprimer ton âme d'artiste !*

Choisis des plantes annuelles : amarante, monnaie-du-pape, physalis, nigelle de Damas, statice, immortelles, graminées (dont le blé et l'orge), gypsophile annuelle…

Immortelle

Sème-les en pépinière sous abri. Lorsqu'elles feront de 5 à 10 cm de haut, repique-les en pleine terre. Pense à les tuteurer. Sinon, comme la plupart sont grandes, elles pourraient se coucher sur le sol au moindre coup de vent, ce serait dommage…

*La récolte se fera à la fin de l'été. Elles devront sécher à l'abri de la lumière, afin de conserver leurs couleurs vives.*

# Crêpes à l'ortie

Cuisine sauvage

Ni âpre, ni acide, ni amère,
qui l'eût cru, voici l'ortie cuite !
De quoi faire des crêpes surprenantes,
délicieuses, et en plus très riches
en protéines, vitamines et sels
minéraux. Alors vite,
à tes fourneaux !

**Ingrédients** pour 12 crêpes

- 150 g de farine
- 15 cl de lait
- 3 œufs
- 10 cl d'eau
- 1 bonne pincée de sel
- 1 cuillère à soupe d'huile

**Garniture**

- 150 g de pousses d'ortie fraîches
- 100 g de fromage râpé
- 1 oignon
- 1 cuillère à soupe d'huile

1

Dans le saladier, forme une fontaine avec la farine, ajoute les œufs, l'huile, puis le lait en mélangeant continuellement avec un fouet.

2

Verse ensuite l'eau et le sel. Laisse reposer la pâte pendant 15 min avant de faire tes crêpes.

3

Hache l'oignon et fais-le revenir à l'huile. Ajoute les pousses d'ortie et laisse cuire jusqu'à ce qu'elles soient fondues. Passe ensuite le tout au mixeur.

4

Fais cuire tes crêpes à la poêle.
Quand elles sont presque cuites,
tapisse-les de garniture d'ortie,
saupoudre de fromage râpé,
puis roule le tout.

5

Place les crêpes dans un plat au four tiède
(recouvre-les d'un papier aluminium
pour éviter leur dessèchement). À déguster
avec un pétillant de pêche ou de pomme…
sans alcool, bien sûr !

## ASTUCE

Attention, ça pique ! Pour ramasser des orties sans te piquer, tu peux soit prendre des gants bien épais, soit saisir les feuilles bien par en dessous (car seuls les poils du dessus des feuilles sont urticants, les autres sont inoffensifs). Et pas d'inquiétude : une fois cuite, l'ortie ne pique plus du tout.

L'ORTIE

## SOUPE D'ORTIE

Un petit saladier de feuilles bien lavées, 2 pommes de terre, 1 l d'eau, du sel : fais cuire ensemble tous ces ingrédients. Lorsque les pommes de terre sont molles, passe le tout au mixeur et ajoute un peu de crème fraîche juste avant de servir. Étonnant, ce petit goût de poisson, non ?

## HISTOIRES D'ORTIE

Le colorant naturel de couleur verte utilisé dans les chewing-gums à la chlorophylle est extrait de l'ortie !

En médecine, l'ortie sert à soigner des cas graves d'anémie (un manque de globules rouges dans le sang) ; elle soulage aussi les personnes souffrant de crises de rhumatisme aiguës.

À la campagne, l'ortie a servi pendant des siècles à élever toute la basse-cour, du canard au cochon, sans que l'on ait besoin de produits chimiques. Pas étonnant : l'ortie contient des produits naturels qui empêchent le développement des bactéries, virus et champignons. Un vrai médicament à elle toute seule !

PROTECTION

# UNE MAISON POUR LES PASSEREAUX

Profite de l'hiver pour préparer le printemps des oiseaux : il est temps de leur fabriquer des nichoirs pour les inviter à installer leur petite famille dans ton jardin.

*Il te faut 1 planche de sapin ou de pin (qui résiste à l'humidité) de 113,5 x 15 cm et de 2 cm d'épaisseur.*

*Avec l'aide d'une grande personne, découpe la planche selon le plan en respectant bien les dimensions.*

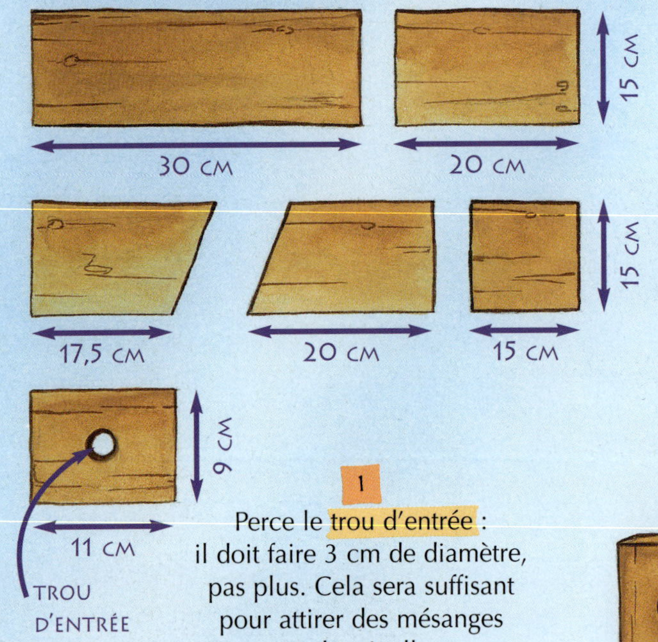


**1**

Perce le trou d'entrée : il doit faire 3 cm de diamètre, pas plus. Cela sera suffisant pour attirer des mésanges ou des sittelles, par exemple.

**2**

Ensuite, assemble les pièces comme indiqué sur le dessin, à l'aide de petits clous que tu auras trempés dans de la graisse (cela évitera au bois de se fendre).

**3**

Après quelques efforts (construire un nichoir n'est pas si facile : fais-toi aider), il ne te restera plus qu'à peindre seulement l'extérieur du nichoir avec une couleur qui n'est pas trop voyante (vert, marron...).

5
Tu peux aussi l'accrocher contre un mur sous du lierre ou de la vigne vierge, dans un tas de bois, au creux d'un buisson, au cœur d'une haie de thuyas, sous le rebord du toit de ta cabane de jardin, ce sera parfait pour les rouges-gorges ou les troglodytes.

4
Ton nichoir est terminé, il faut maintenant l'installer dans ton jardin, et cela avant début février. Pose-le contre un arbre à au moins 2 m de hauteur, pour que personne ne vienne embêter tes locataires. Accroche-le avec du fil de fer, mais en plaçant des morceaux de bois entre le fil de fer et le tronc pour ne pas abîmer l'arbre.

## UN NICHOIR AVEC UN POT DE FLEURS

RÉCUPÈRE UN VIEUX POT EN TERRE CUITE. AVEC LE CÔTÉ FIN D'UN PETIT MARTEAU, DONNE DE LÉGERS COUPS AU BORD DU TROU JUSQU'À CE QUE LA MOITIÉ DU FOND SOIT PERCÉE. VOILÀ, TON NICHOIR EXPRESS EST DÉJÀ TERMINÉ, IL SERA IDÉAL POUR LES ROUGES-GORGES.

## NICHOIR SPÉCIAL HIRONDELLES

1 Récupère un gros bol de 20 cm de diamètre environ. Retourne-le et enduis-le d'un peu de graisse. Pose dessus des bandes de papier journal enduites de colle à papier.

2 Il faut environ 1 cm d'épaisseur de papier. Quand il est bien sec, décolle cette coupelle du bol. Découpe-le en 2 et fais un trou de 2,5 cm de hauteur et 8 cm de largeur : il servira d'entrée.

3 Enduis ce faux nid d'argile à l'intérieur et à l'extérieur. Colle-le (ou cloue-le) ensuite sur 2 planchettes assemblées perpendiculairement.

4 Dernière étape : demande à un adulte de l'installer sous la gouttière, contre le mur de la maison, en le vissant bien : c'est là que les hirondelles rêveront de s'installer !

PROTECTION

# NICHOIRS SPÉCIAUX POUR GROS OISEAUX

Des chouettes vivent discrètement près de chez nous, nichant dans les arbres creux des parcs, dans les granges ouvertes, ou même dans les clochers des églises ! Tu peux leur construire des nichoirs bien particuliers.

## LA CHEVÊCHE DES VERGERS

Ce nichoir est à suspendre sur une branche, aussi horizontalement que possible, pour éviter que les prédateurs (les chats ou les fouines) ne puissent accéder à l'ouverture. Pour le poser, utilise du fil de fer qui ne rouille pas (on dit qu'il est « galvanisé »).

Demande un coup de main à une grande personne, car ce grand et lourd nichoir doit être placé à 3 ou 4 m de hauteur (as-tu un escabeau ?).

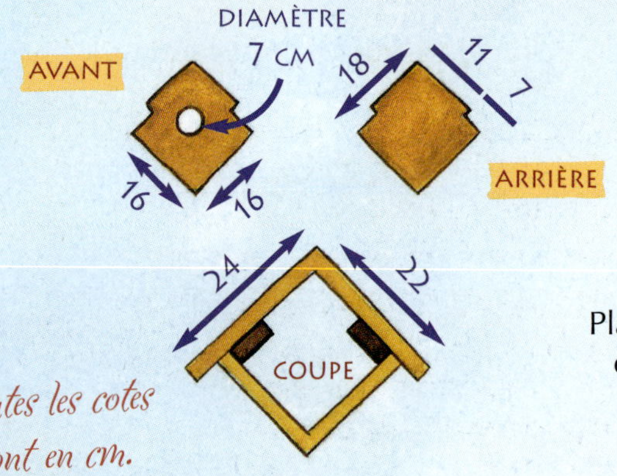


*Toutes les cotes sont en cm.*

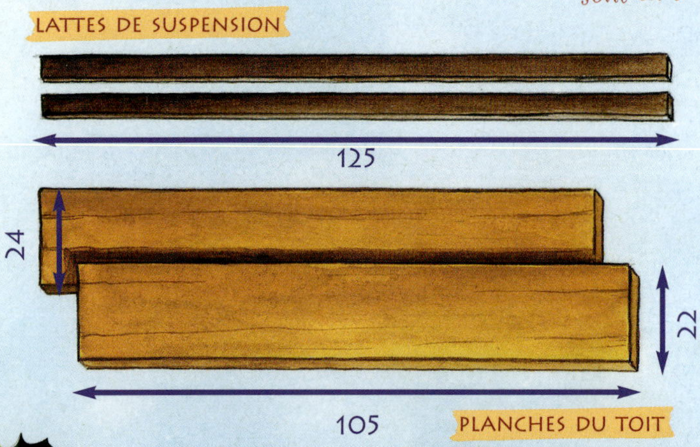


**1**

Découpe et assemble les planches comme indiqué sur le dessin.

**2**

Choisis une longue branche pour suspendre ton nichoir en enroulant le fil de fer (ou une corde très solide) tout autour.

**3**

Place des petits morceaux de bois entre la branche et le fil de fer pour ne pas blesser l'arbre.

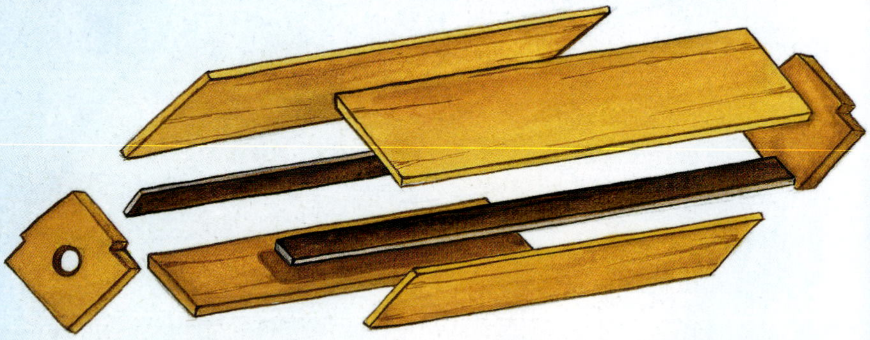

**4**

Veille à ce que l'ouverture du nichoir ne soit pas en face des vents dominants. Voilà, il te reste à déposer un peu de sciure de bois à l'intérieur et le tour est joué.

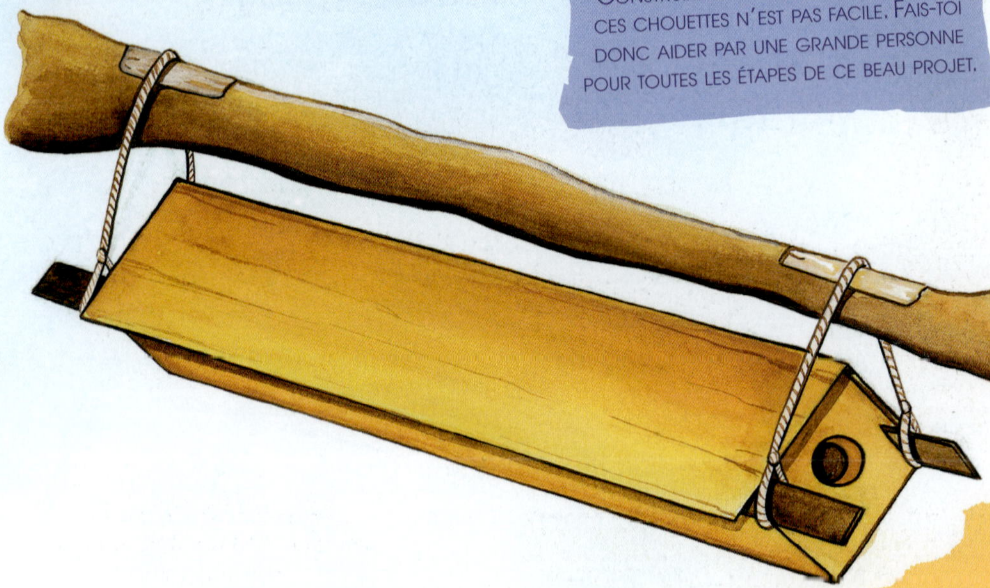

### ATTENTION !

CONSTRUIRE ET POSER UN NICHOIR POUR CES CHOUETTES N'EST PAS FACILE. FAIS-TOI DONC AIDER PAR UNE GRANDE PERSONNE POUR TOUTES LES ÉTAPES DE CE BEAU PROJET.

## L' EFFRAIE DES CLOCHERS

Le nichoir de la chouette effraie doit être fait à partir d'une grosse boîte en planches de 30 cm de hauteur, 60 cm de longueur et 40 cm de largeur, avec un trou d'envol carré de 12 cm de côté, percé dans un coin supérieur de la face avant.

Ce nichoir est à installer à au moins 5 m du sol, à l'intérieur d'une grange, d'une ferme, d'un hangar, ou même d'une église, pour peu qu'il existe une ouverture permanente vers l'extérieur… et que tu aies l'autorisation du propriétaire des lieux !

## LA HULOTTE DES PARCS

Son nichoir sera une grosse boîte en planches, de 50 cm de hauteur, 30 cm de longueur et de largeur, avec un trou d'envol de 12 cm de diamètre, percé au milieu de la moitié supérieure de la face avant.

Ce nichoir étant lourd, il faut le fixer sur un arbre assez âgé ou contre un bâtiment, en forêt, dans un jardin ou dans un parc (avec l'autorisation du service des espaces verts !).

Il doit être posé à une hauteur de 4 à 8 m, l'ouverture étant de préférence dirigée vers le sud. Plus bas, il serait trop facilement repéré par des passants de tout poil… Plus haut, la pose deviendrait vite impossible…

# Les amphibiens et les reptiles

IDENTIFICATION

Le printemps s'installe doucement, mais les nuits sont encore un peu froides et pluvieuses. Il est déjà tard dans la soirée. Pourtant, là, dans la mare du jardin ou sous une jardinière en pierre, de drôles d'animaux émergent de leur sommeil hivernal...

Essaye de la voir, elle est adorable avec sa peau bien lisse et sa couleur qui passe du vert au jaune selon son humeur...

## La rainette verte

Un chant de grenouille surgit du haut d'un arbre ? Pas de doute, une rainette a grimpé jusque-là, à l'aide de ses pattes finement terminées de petites ventouses.

*Taille : jusqu'à 5 cm de long.*

Admire sa peau lisse ornée d'une bande verte sur le dos. Si tu la surprends en train de coasser, tu pourras voir ses sacs vocaux gonflés.

## La grenouille rousse

Comme son nom l'indique, elle a le dos roux. Tu la reconnaîtras aux taches sombres qui partent de ses yeux et s'étendent jusque sur les pattes avant.

*Taille : 10 cm de long maximum.*

## La grenouille verte

Plouf ! Tu n'avais rien vu et pourtant, en t'approchant de ce trou d'eau, tu as fait plonger la grenouille qui se reposait sur une pierre émergente. Patiente un peu, elle va ressortir.

*Taille : 7 cm pour les mâles, 9 cm pour les femelles.*

Contrairement à sa cousine la grenouille verte, elle n'hésite pas à s'aventurer sur les pelouses, loin des points d'eau.

## LE TRITON PALMÉ

Non, tu n'as pas rêvé ! Le petit animal qui vient de s'enfoncer sous l'eau avait bien l'allure d'un lézard qui nage… Différence importante quand même : sa peau est dépourvue d'écailles, comme tous les animaux de sa famille, les batraciens.

*Taille : 7 cm pour le mâle, 10 cm pour la femelle.*

COMME SON NOM L'INDIQUE, SES PATTES SONT PALMÉES, CE QUI EST BIEN PRATIQUE POUR JOUER LES SOUS-MARINS DE LA MARE.

## LE TRITON MARBRÉ

Avec son habit de camouflage, voici sans doute le plus beau des batraciens : son dos coloré de vert est marbré de taches sombres et orné d'une bande orange ou rouge qui s'étend de la tête jusqu'au bout de la queue.

*Taille : 14 cm au maximum.*

TU LE TROUVERAS PRÈS DES POINTS D'EAU TEMPORAIRES, COMME LES RIGOLES OU LES PETITES MARES D'EAU DE PLUIE.

LE TRITON À CRÊTE EST CELUI QUI AIME LE PLUS L'EAU : IL N'EN SORT PRATIQUEMENT JAMAIS.

## LE TRITON À CRÊTE

Avec sa grande crête dentée qui court sur tout le dos, le mâle ressemble à un dinosaure miniature… C'est le plus grand des tritons.

*Taille : 16 cm de long.*

Les tortues de Floride passent de longues heures hors de l'eau à se dorer au soleil. Tu les reconnaîtras à leurs taches rouges sur les tempes.

## La tortue de Floride

Autrefois vendue en grand nombre dans les animaleries, cette tortue aquatique originaire d'Amérique devenait encombrante en grandissant dans son aquarium… Alors ses propriétaires, inconscients, la relâchaient dans la nature. Résultat : aujourd'hui, le reptile (qui n'est plus commercialisé) a ainsi envahi pratiquement tous les plans d'eau des parcs urbains…

*Taille : jusqu'à 25 cm de diamètre pour la carapace.*

## Le lézard des murailles

Comme son nom l'indique, il ne s'éloigne jamais d'un mur de pierres, où il se chauffe au soleil. Ce n'est pas pour bronzer, mais parce qu'il en a besoin pour vivre. Car ce petit reptile, contrairement à toi, a une température du corps variable : durant la nuit, elle baisse, et il doit donc se réchauffer le matin venu.

*Taille : de 15 à 20 cm (dont 10 à 15 cm de queue).*

Certes, ses couleurs sont éclatantes, mais on ne l'aperçoit que par éclairs, la salamandre passant le plus clair de son temps cachée sous les feuilles mortes, ne sortant à l'air libre qu'à la tombée de la nuit.

## La salamandre

Après avoir passé l'hiver engourdie sous un tapis de feuilles mortes au jardin, elle vient pondre au printemps dans les mares et les fossés, déplaçant avec lenteur sa belle silhouette noire et jaune.

*Taille : 20 cm de long.*

En cas de danger, la queue du lézard peut se détacher d'un seul coup et bouger toute seule devant lui ! Un bon moyen de défense ; le prédateur, surpris, laisserait alors échapper le lézard…

Ses « croeek, croeek » s'entendent à des kilomètres (d'avril à août).

## Le crapaud commun

Tout gros, tout verruqueux, ce batracien n'est pas très attirant… Pourtant, grand mangeur d'insectes et de limaces, c'est un précieux allié des jardiniers, qui adore arpenter le potager après la pluie.

*Taille : jusqu'à 15 cm de long pour les femelles, les mâles sont plus petits d'un bon tiers.*

« Tioug, tioug… » glousse-t-il (surtout en mars et avril).

## Le crapaud calamite

C'est presque le sosie du crapaud commun, mais si tu le regarde bien : il a une ligne claire sur le dos. De plus, son chant ressemble à celui d'un grillon. Il peut s'entendre de très loin, à près de 1 km !

*Taille : de 5 à 8 cm.*

« Tou, tou, tou… » dit-il de ses notes douces et flûtées (de mai à juillet).

## Le crapaud accoucheur

L'« alyte » (c'est son autre nom) est qualifié d'« accoucheur » parce que les mâles transportent les œufs sur leur dos, jusqu'au jour de leur éclosion dans un point d'eau. Dans les jardins, il se cache dans les murs de pierres sèches ou sous les gros cailloux. Mais ce minuscule amphibien est difficile à voir…

*Taille : 5 cm de long au maximum.*

JARDINS SPÉCIAUX

# UNE MARE DE JARDIN

Il n'est pas très grand, le bassin d'eau de ton jardin : à peine la taille de la table du salon... Et pourtant, ce minimilieu naturel humide permettra à une foule de plantes et d'animaux de trouver leur place près de chez toi !

**MATÉRIEL**

- UNE PELLE
- UNE BÊCHE
- DU SABLE FIN
- UNE BÂCHE (AU MINIMUM DE 0,5 MM D'ÉPAISSEUR)
- DES POTS POUR LES PLANTES AQUATIQUES
- UNE VIEILLE MOQUETTE, OU DU GÉOTEXTILE (À ACHETER DANS LES MAGASINS SPÉCIALISÉS)
- UNE BROUETTE
- DE LA CORDELETTE ET DES PIQUETS
- UN DÉCAMÈTRE

1

Rassemble bien tout le **matériel** nécessaire... ainsi qu'une équipe d'amis ou les membres de ta famille : à plusieurs, cela sera plus facile.

2

**Retire l'herbe** à l'endroit où tu veux créer la mare (tu peux délimiter sa surface avec une cordelette et des piquets).

NI TROP À L'OMBRE, NI TROP À LA LUMIÈRE, TA MARE DOIT FAIRE AU MOINS 70 CM DE PROFONDEUR POUR ÉVITER QUE TOUTE L'EAU NE GÈLE EN HIVER. EN CREUSANT, COMPTE 15 CM SUPPLÉMENTAIRES (POUR PLACER LE SABLE, LA MOQUETTE, LA BÂCHE...). POUR LA GRANDEUR, 2 X 2 M SUFFISENT LARGEMENT.

3

**Creuse** en escalier en faisant des marches de 20 cm de hauteur (n'oublie pas de récupérer la terre végétale pour ton jardin).

4

Verse du **sable** (pour protéger la bâche). Étale-le bien et retire les cailloux (ils pourraient abîmer la bâche).

5

Place la vieille moquette ou le géotextile (pour protéger la bâche), puis installe la bâche étanche, en épousant la forme des escaliers.

6

Ajoute du sable mélangé avec un tout petit peu de terre pour cacher la bâche et créer un fond pour les plantes.

7

Remplis la mare avec de l'eau du robinet ou… attends la pluie !

8

Arrime la bâche dans la petite tranchée que tu as creusée tout autour de la mare et rebouche la tranchée.

9

Place quelques pierres plates pour rendre les berges plus solides.

10

Plante des végétaux aquatiques (quelques pieds seulement) que tu auras été chercher dans les mares voisines.

## UN PETIT PLUS

AJOUTE UN PEU D'EAU ET DE VASE (LA MOITIÉ D'UN SEAU) QUE TU AURAS RÉCUPÉRÉES DANS UNE AUTRE MARE. BIEN VITE, TA MARE SE PEUPLERA AINSI D'INSECTES AQUATIQUES. AU PRINTEMPS SUIVANT, SURVEILLE BIEN L'ARRIVÉE DES GRENOUILLES ! SI ELLES NE VIENNENT PAS, NE TE DÉCOURAGE PAS, ELLES VIENDRONT PEUT-ÊTRE L'ANNÉE D'APRÈS.

## ET PUIS N'OUBLIE PAS

N'INTRODUIS PAS DE VÉGÉTATION AQUATIQUE EXOTIQUE (ELLE EST EN GÉNÉRAL TRÈS ENVAHISSANTE), NI DE BATRACIENS (ILS VIENDRONT TOUT SEUL), NI DE POISSONS (ILS NE SONT VRAIMENT PAS COPAINS AVEC LES BATRACIENS).

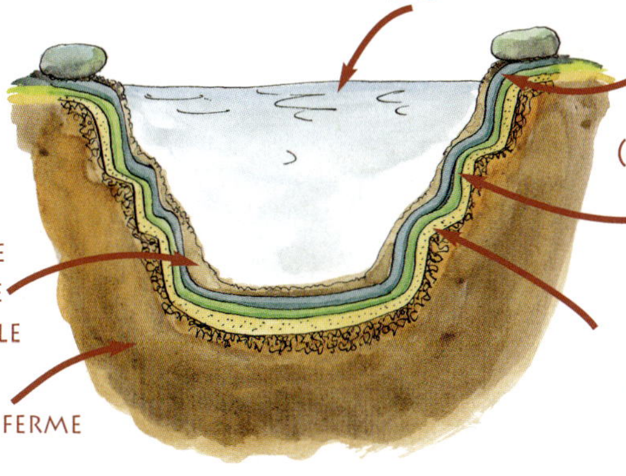

IDENTIFICATION

# LES ANIMAUX DES BORDS D'ÉTANG

Dans la végétation des eaux calmes, tout semble dormir. Illusion ! Car au bord des mares et des étangs, cachée dans la végétation ou juste sous la surface, vit une faune riche et étonnante.

## L' ÆSCHNE

« Vrrrrr… » Un gros insecte vient de passer à toute allure, en ligne droite, au-dessus de l'étang, avec juste un petit vrombissement léger. Puis le voilà qui fait du surplace un instant, avant de prendre un brusque virage pour aller se poser sur une tige fine. Difficile de suivre des yeux cette grosse libellule…

*Taille : jusqu'à 6 cm.*

LES ANISOPTÈRES, COMME L'AESCHNE, ONT UN CORPS TRAPU ET LES 4 AILES ÉTALÉES AU REPOS.

## LA DEMOISELLE

Bleu vif, vert argenté, rouge feu… Dans la famille de cette fine libellule, chaque espèce a des couleurs plus éclatantes les unes que les autres. Les demoiselles volettent nerveusement autour des points d'eau, effectuant parfois de véritables ballets aériens en couple : monsieur s'accroche au cou de madame, qui s'apprête à pondre ses œufs…

*Taille : 4 cm.*

AVEC SES 6 LONGUES PATTES, LE GERRIS FAIT BIEN PARTIE DES INSECTES.

LES ZYGOPTÈRES, COMME LA DEMOISELLE, ONT L'ABDOMEN TOUT FIN ET LEURS AILES SONT REPLIÉES AU-DESSUS DU DOS LORSQU'ILS SONT POSÉS.

## LE GERRIS

Incroyable : on dirait que cet insecte fait du ski nautique ! Grâce à ses immenses pattes huilées, en effet, cette « araignée d'eau », comme on l'appelle aussi, arrive à marcher sur l'eau aussi facilement que toi sur la terre ferme…

*Taille : 2 cm (sans les pattes).*

La larve du dytique passe aussi sa vie sous l'eau. Comme l'adulte, c'est une véritable terreur pour les petits poissons ou les têtards qu'elle chasse...

## La notonecte

Cette petite punaise a une étrange façon de se déplacer dans l'eau : elle rame à l'envers, nageant sur le dos juste sous la surface ! Légère comme une bulle, elle a d'ailleurs bien du mal à rester immergée : dès qu'elle s'arrête de nager, elle remonte à la surface.

*Taille : 1 cm.*

Dans l'eau, la notonecte paraît entourée d'une couche d'argent... En fait, c'est un voile d'air emprisonné dans ses poils qui lui donne ce bel aspect.

## Le dytique marginé

« Tiens, un gros coléoptère est tombé dans l'eau... » Pas du tout ! Le dytique est ici bien dans son élément : il passe sa vie à nager, remontant de temps en temps à la surface pour respirer... par son arrière-train ! Il gobe ainsi une bulle d'air, qui lui servira de réserve pendant ses chasses aquatiques.

*Taille : 3,5 cm.*

La longue queue de la nèpe est en fait un tube qu'elle utilise pour aspirer de l'air en venant, tête en bas, affleurer la surface de la mare.

## La nèpe

Attention, punaise d'eau ! Cet insecte aquatique est en effet capable de piquer les orteils imprudemment plongés dans la mare... Mais son passe-temps favori, c'est de rester enfoui dans quelques centimètres de boue, pour attendre le passage d'une petite proie.

*Taille : 2,5 cm.*

## LE MARTIN-PÊCHEUR

S'il n'est pas dans l'air, c'est qu'il est dans l'eau. Et s'il n'est pas dans l'eau, c'est qu'il est sous terre… Vif comme un éclair bleu, ce petit oiseau est le maître des rives, les longeant, s'y posant, y logeant même, en creusant un terrier dans les berges.

*Taille : de 15 à 17 cm, avec une envergure de 24 à 26 cm.*

IL NE CHANTE PRATIQUEMENT JAMAIS, MAIS PAR CONTRE, IL LANCE RÉGULIÈREMENT DES PETITS CRIS PERÇANTS ET AIGUS : « TITIH ».

## LA POULE D'EAU

Cherche-la bien, elle n'est sûrement pas loin. Car cette petite poule noire au bec rouge, si elle est très abondante le long des étangs et des canaux, n'en est pas moins discrète. Elle construit son nid au creux de roseaux ou de buissons, bien à l'abri des regards.

*Taille : de 32 à 35 cm, avec une envergure de 50 à 55 cm.*

SON RÉPERTOIRE EST TRÈS VARIÉ : « KROUUU » EXPLOSIFS, « KRRRK » RAUQUES, « KIK… KEK » RÉPÉTÉS, « KREK KREK KREK » GLOUSSANT…

CLAQUEMENTS DE BEC, CROASSEMENTS PUISSANTS, CRIS RAUQUES ET GRAVES… LE HÉRON N'EST PAS DISCRET QUAND IL VOLE.

## LE HÉRON CENDRÉ

Solitaire, ce grand oiseau perché sur des pattes immenses joue aussi à l'immobile : tu peux le voir dans des prairies humides ou le long des étangs, ne bougeant pas une plume, bec tendu vers le bas. Et puis soudain, « tchac ! » il projette son bec : voilà son repas attrapé, une grenouille ou un petit poisson.

*Taille : de 90 à 98 cm, avec une envergure de 1,75 à 1,95 m.*

Les « coin coin » qui résonnent sur l'étang sont dus aux seules femelles. Les mâles, plus discrets, se contentent de quelques « quek » brefs.

## Le grèbe huppé

Ses petits ont bien de la chance : papa passe son temps à s'en occuper. Il a d'abord pris le relais de maman pour couver les œufs sur le nid caché au milieu de la végétation, et maintenant, il accompagne les oisillons dans leur pêche… en les transportant sur son dos !

*Taille : de 46 à 51 cm, avec une envergure de 80 à 90 cm.*

Caquètements, ronflements, bruits de trompette, croassement… Le grèbe se fait bavard dès la fin de l'hiver…

## Le canard colvert

Voici le roi des canards, présent toute l'année et partout, même sur les étangs en pleine ville. À condition toutefois que les eaux soient peu profondes… Car ce canard n'aime pas plonger. Pour attraper les plantes dont il se nourrit, il se contente de basculer, gardant le croupion à l'air.

*Taille : de 51 à 62 cm, avec une envergure de 80 à 95 cm.*

En vol, la nuit, elle lance des cris sonores en trompette ; sur l'étang, le jour, elle se contente de petits « kev » bref ou de « pix » stridents.

## La foulque macroule

De loin, on pourrait la prendre pour une grosse poule d'eau. Sauf que son bec et son front sont d'un blanc pur. Autre différence de cette habituée des grands étangs : elle adore la compagnie en hiver, nageant lentement en grandes bandes.

*Taille : de 36 à 38 cm, avec une envergure de 70 à 80 cm.*

BRICOLAGE

# À L'AFFÛT DES OISEAUX

Oh ! Là, un oiseau… Qu'est-ce que c'est ?
Ah zut, il s'est déjà envolé… Pas faciles à observer longtemps, les oiseaux, ils n'arrêtent pas de bouger. Heureusement, il y a une solution : construire un affût, pour les voir sans être vu.

## REPÉRAGES

SILENCE ET DISCRÉTION, VOICI LES 2 RÈGLES D'OR D'UN ORNITHOLOGUE (CELUI QUI ÉTUDIE LES OISEAUX). HABILLE-TOI DONC AVEC DES VÊTEMENTS DE COULEURS DISCRÈTES ET ÉVITE LES TISSUS SYNTHÉTIQUES, QUI FONT BEAUCOUP DE BRUIT AU MOINDRE MOUVEMENT. DÉPLACE-TOI LENTEMENT, ARRÊTE-TOI SOUVENT POUR GUETTER UN CHANT OU UN MOUVEMENT.
NOTE SOIGNEUSEMENT SUR UNE CARTE L'ENDROIT QUI TE SEMBLE INTÉRESSANT : SOIT LES OISEAUX Y SONT NOMBREUX, SOIT ILS S'Y POSENT SOUVENT, SOIT ILS Y PASSENT POUR SE NOURRIR… C'EST LÀ QUE TU VAS CONSTRUIRE TON AFFÛT.

## BONNES NOTES

COMME TOUT BON NATURALISTE, NOTE TES OBSERVATIONS SUR UN CARNET : ESPÈCE OBSERVÉE, LIEU, DATE, COMPORTEMENTS… TOUTES CES INFORMATIONS TE PERMETTRONT, AU FIL DE TES AFFÛTS, D'ÉTABLIR DE VÉRITABLES CARTES DES OISEAUX DE TA RÉGION.

## AFFÛT EN TOILE

Cet affût est léger et facile à monter : quelques baguettes de bambou, de la ficelle, une vieille toile de tente imperméable, et le tour est joué. Prévois un grand sac pour pouvoir t'asseoir au sec.

Pour dissimuler sa forme un peu trop géométrique et voyante, recouvre-le de quelques branches. Taille ensuite une lucarne suffisamment large, et surtout pas face au soleil, sinon tu ne verrais rien !

*Laisse passer quelques jours après l'installation, les oiseaux s'habitueront vite à ton affût.*

## PATIENCE…

POUR REJOINDRE TON AFFÛT, UTILISE DES RUSES D'INDIEN : ARRIVE DE BONNE HEURE ET EN SILENCE. TU ES INSTALLÉ ? ALORS PATIENCE, MAINTENANT. L'ATTENTE PEUT DURER DES HEURES… PRÉVOIS UN SIÈGE À BONNE HAUTEUR FACE À LA LUCARNE, EMPORTE DES GUIDES D'IDENTIFICATION ET N'OUBLIE PAS TON CASSE-CROÛTE !

## INDISPENSABLES, LES JUMELLES

ELLES DOIVENT ÊTRE LÉGÈRES ET LUMINEUSES : MIEUX VAUT DONC DES 7 X 50 QUE DES 12 X 30 (LES PREMIERS NOMBRES INDIQUENT LE GROSSISSEMENT, LES SECONDS LA LUMINOSITÉ).

## AFFÛT EN DUR

Si tu as repéré un endroit où les observations promettent d'être passionnantes, cela vaut la peine de construire un modèle haut de gamme ! Le fabriquer va prendre un peu de temps ; le mieux est donc de le construire à la fin de l'hiver, avant l'installation printanière des oiseaux. Pour construire cette « cabane », utilise le plus possible de matériaux naturels (troncs, feuillages, roseaux), elle sera ainsi mieux intégrée et donc plus discrète.

# DES ŒUFS COLORÉS

ARTISTE EN HERBE

Pour égayer ton jardin un peu dénudé et triste durant l'hiver, suspends dans les arbres des oeufs colorés. Une idée à reprendre dans quelques temps pour fêter Pâques.

## QUINZE MINUTES DE SAUNA

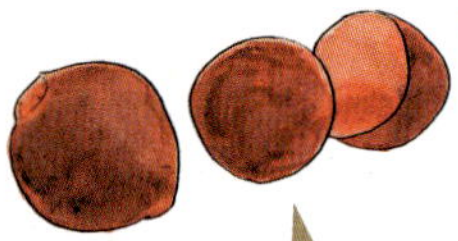

BETTERAVE ROUGE

**1**

Pour colorer la coquille des œufs, le principe est tout simple : prépare une décoction concentrée de colorant végétal en faisant bouillir pendant 1/4 d'heure un type de plante dans de l'eau.

CHICORÉE EN GRAINS

FEUILLES DE LIERRE

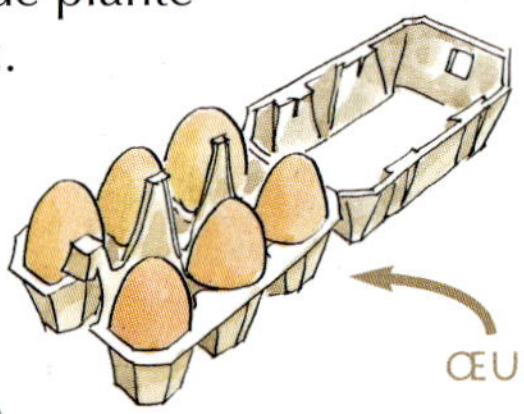

ŒUFS

MARC DE CAFÉ

PELURES D'OIGNON

### ROULEZ LES ŒUFS, ROULEZ…

AUTREFOIS, LES ENFANTS AVAIENT UN JEU RÉSERVÉ À PÂQUES ET À CES ŒUFS COLORÉS : ILS LES FAISAIENT ROULER SUR UNE PLANCHE INCLINÉE, EN CHERCHANT À PERCUTER L'ŒUF DES COPAINS ! LE GAGNANT ÉTAIT CELUI QUI AVAIT TOUCHÉ LE PLUS D'AUTRES CONCURRENTS ! PARFOIS, LES RÈGLES ÉTAIENT DIFFÉRENTES ET C'ÉTAIT L'ŒUF QUI ROULAIT LE PLUS LOIN QUI L'EMPORTAIT.

**2**

Plonge ensuite tes œufs dans ce bain après les avoir passés sous l'eau et fais bouillir à nouveau durant 1/4 d'heure. Tes œufs seront enfin colorés (du moins, leur coquille)… et durs !

*Bien sûr, il te faut renouveler l'opération autant de fois que tu veux de coloris différents.*

## LES COLORANTS CHAMPIONS

Une astuce pour avoir de meilleurs résultats : choisis des œufs à la coquille parfaitement blanche, ça existe !

Coquille verte : un peu de persil haché ou des feuilles d'ortie.

Coquille jaune : pelures d'oignon, jonquilles ou bourgeons de peuplier.

Coquille rouge : rien ne vaut la betterave… rouge.

Coquille brune : la chicorée n'a pas son pareil, mais le lierre n'est pas mal non plus.

### FÊTER LE RETOUR DU PRINTEMPS

COMME EN ALLEMAGNE ET DANS L'EST DE LA FRANCE, CÉLÈBRE LE RETOUR DU PRINTEMPS EN ASSOCIANT TES ŒUFS COLORÉS, TOUS BEAUX, À DES BRANCHES COUVERTES DE FLEURS… TOUTES NEUVES.

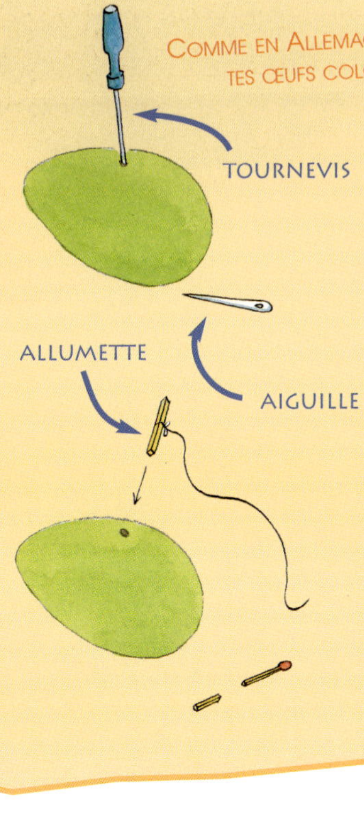


**1**

Avec une grosse aiguille, perce un trou d'un côté de l'œuf coloré, à agrandir avec un petit tournevis cruciforme ou un poinçon, en grattant délicatement.

**2**

Casse une allumette en deux et noue un morceau de fil en son milieu. Passe entièrement la demi-allumette par le trou de la coquille, jusqu'à ce qu'elle se retrouve coincée dans l'œuf en tirant doucement sur le fil.

*Ça y est, tu peux accrocher tes œufs dans les arbres.*

# UN JARDIN POUR TON CHAT

Si tu aménages correctement ton jardin pour ton minou, cela aura deux avantages importants : il s'y sentira bien… tout en y faisant le moins de dégâts possible !

## ABRI POUR LES LÉZARDS

Un tas de pierres ou un muret permettront aux petits reptiles de se réfugier loin des griffes des minous…

## PLANTES BÉNÉFIQUES

Une petite parcelle d'herbe à chat évite qu'il ne boulotte tes jolies plates-bandes. Plusieurs plantes font l'affaire : folle avoine, blé, orge sauvage, nepeta, valériane officinale…

## PROTECTION POUR LES OISEAUX

Toute mangeoire doit être installée en hauteur et bien à découvert, pour éviter les attaques-surprises de ton minou…

## ABRI GARDE-MANGER

Les chats adorent explorer les cabanes de jardin, car elles sont souvent fréquentées par les souris… Elles offrent aussi à ton chat un site idéal d'observation et lui permettent en même temps de s'abriter et de se chauffer.

## PLANCHE À GRIFFES

Une vraie planche, des morceaux de vieille moquette, ou mieux, un poteau assez large et haut, tout enroulé de ficelles ou de foin. Rien de mieux pour inciter ton chat à venir griffer ces curieux objets plutôt que tes arbres ou ton portail en bois.

## PASSAGE AÉRIEN

Les grosses branches des arbres lui permettront de jouer à chat perché, de faire le guet et de passer dans les jardins voisins.

## GRELOT ALARME

Attaché autour du cou de ton petit félin, il évitera bien des attaques-surprises…

## TOILETTES DE PREMIÈRE CLASSE

Pour ses besoins naturels, une litière naturelle (de sable, de gravier ou de terre meuble, avec un peu de tonte de gazon) lui est spécialement réservée.

## PROTECTION POUR LES SEMIS

Un filet déposé sur tes semis fera l'affaire pour empêcher le chat de piétiner ou d'abîmer tes précieuses plantations.

### AÏE, LES DÉGÂTS DU CHAT !

VOILÀ TON CHAT QUI PIÉTINE TES JEUNES SEMIS, QUI CREUSE LA TERRE ET SE « LAISSE ALLER » EN DÉPOSANT UNE CROTTE DANS LE SOL AMEUBLI… PIRE, LE VOICI TOUTES GRIFFES DEHORS QUI S'ATTAQUE AU TOUT JEUNE POMMIER ! ET PUIS, TAPI SOUS LA HAIE, LE VOICI QUI DÉVOILE SA VRAIE NATURE. TON CHAT EST UN PRÉDATEUR ADROIT QUI REPRÉSENTE UN TERRIBLE DANGER POUR TOUT LE PETIT PEUPLE QUI VIT DANS TON JARDIN : OISEAUX, LÉZARDS, MUSARAIGNES… EMPÊCHE-LE DE FAIRE CES DÉGÂTS, MAIS NE LUI EN VEUX PAS TROP : COMME TOUS LES CHATS, IL GARDE SECRÈTEMENT SON CÔTÉ SAUVAGE ET LES HABITUDES DE SES ANCÊTRES FÉLINS.

# L'ARRIVÉE DU PRINTEMPS

ENQUÊTE NATURE

Ça y est, le printemps arrive !
Des animaux se réveillent,
des fleurs éclosent, des bourgeons
s'ouvrent... Tous ces signes apparaissent
selon un calendrier quasi immuable.
Pour les découvrir, il suffit
de les guetter, les trouver,
les écouter...

## BONNE MÉTHODE

1. Choisis de 8 à 10 signes naturels, à la fois animaliers et végétaux.
2. Définis une zone d'observation (ton quartier, le bois derrière chez toi...).
3. Fais-toi une fiche d'enquête mentionnant les éléments suivants :
   - Nom et prénom :
   - Lieu d'observations :
   - Début des observations le :
   - Fin des observations le :

   Puis, pour chaque signe observé :
   - Élément observé :
   - Date d'observation :
4. Prévois une balade d'observation et d'écoute par semaine, de la fin février à la mi-mai.
5. Fais le point à la fin de l'enquête... et attends le printemps suivant pour comparer !

### L'HIRONDELLE

Signe à observer : la première hirondelle (de fenêtre ou rustique) volant à vive allure dans le ciel, plus particulièrement au-dessus des villes et des villages.

*Première apparition à partir de la mi-mars.*

### LE MARTINET

Signe à observer : tout d'abord ses cris stridents et incessants qui résonnent dans le ciel des villes en fin de journée, puis sa silhouette noire en faucille dans le ciel.

*Première apparition vers la mi-avril.*

### LA COCCINELLE

Signe à observer : le déplacement lent du premier de ces insectes dans le jardin.

*Première apparition début avril.*

## LE MARRONNIER

Signe à observer : les premiers gros bourgeons qui libèrent leurs trésors de feuilles le long des avenues.

*Ouverture à partir de la mi-mars.*

## LE PISSENLIT

Signe à observer : les petites touches jaunes qui surgissent en une journée sur les pelouses des parcs, des stades, des ronds-points.

*Floraison parfois dès la fin février !*

## LE COQUELICOT

Signe à observer : les taches rouges sur les terrains vagues, les chantiers, les talus qui bordent les voies ferrées ou les routes.

*Floraison à partir de la fin mars.*

## LE CERISIER

Signe à observer : les premières fleurs parfumées sur les fruitiers ou les arbres des parcs.

*Floraison à partir du début du mois d'avril.*

## LE LILAS

Signe à observer : les toutes premières grosses grappes de fleurs délicieusement parfumées dans les jardins.

*Floraison à partir du début du mois d'avril.*

## DÉCALAGE DE PRINTEMPS

LE PRINTEMPS N'ARRIVE PAS AU MÊME MOMENT PARTOUT. À CAUSE DES DIFFÉRENCES DE TEMPÉRATURE, IL Y A JUSQU'À 6 SEMAINES DE DÉCALAGE ENTRE LE SUD ET LE NORD DE LA FRANCE ! DES DÉCALAGES EXISTENT AUSSI ENTRE LES RÉGIONS DE BORD DE MER, PLUS DOUCES, ET L'INTÉRIEUR DES TERRES ; IDEM ENTRE LES PAYS DE PLAINE ET CEUX DE MONTAGNE. DERNIÈRE VARIATION : LES GRANDES VILLES, PLUS CHAUDES, ONT JUSQU'À 3 SEMAINES D'AVANCE SUR LES CAMPAGNES ALENTOUR...

# CALENDRIER

Des événements nature
à ne pas manquer, en ville
ou au potager !

## AVRIL

- Le robinier faux acacia est en fleur, c'est le moment de faire des beignets.
- Les martinets arrivent.
- Le lilas et le cerisier sont en fleurs.
- Les arbres déploient leurs nouvelles feuilles.
- Les plantes d'intérieur peuvent enfin sortir.
- Il est temps de poser les abris à insectes.

## MAI

- Le 1er Mai, c'est la fête du Muguet.
- Les cerises sont mûres.
- Les « mouches de mai », petits insectes éphémères, naissent en grand nombre au-dessus des rivières.
- Les pucerons débarquent au potager… Les coccinelles aussi.
- 11, 12 et 13 mai, les saints de glace apportent les derniers risques de gelées.
- Les orchidées sauvages s'épanouissent sur les prairies sèches.
- Grenouilles et crapauds chantent à qui mieux mieux.

## JUIN

- Les coquelicots sont en pleine floraison.
- C'est le bon moment pour faire des boutures au jardin.
- Le tilleul offre ses fleurs pour les tisanes.
- 21 juin, la nuit la plus courte de l'année, l'été est là…
- 24 juin, la nuit de la Saint-Jean, toutes les plantes sauvages sont magiques !
- On récolte les premières pommes de terre nouvelles.

## JUILLET

- C'est le moment de faire du sirop de menthe.
- Les légumes laissés au jardin fleurissent…
- Immortelles, statices, gypsophiles… Les fleurs pour bouquets secs sont bonnes à couper.
- Les jeunes martinets sifflent dans le ciel.
- Les couleuvres pondent.
- Les guêpes se font plus nombreuses…

## AOÛT

- Les chauves-souris chassent autour des lampadaires.
- 11 août, la nuit des Perséides, les étoiles filantes sont nombreuses.
- Après le 15 août, gros orages de fin d'été.
- Les premières mûres garnissent les ronciers.
- Tout est au plus sec, attention aux incendies…
- Les arbres ont une 2e poussée de feuilles, plus modeste qu'au printemps.

## SEPTEMBRE

- Le buddleia, encore en fleur, offre son nectar aux papillons.
- Les petits gobe-mouches gris font une pause dans leur migration et envahissent les jardins.
- C'est l'époque des noix et des noisettes.
- C'est le moment de récolter des graines sauvages.
- 22 septembre, premier jour de l'automne.

## OCTOBRE

- Les oiseaux migrateurs sont en plein voyage, notamment les grues et les oies.
- Grenouilles, lézards et serpents entrent en hibernation.
- Les feuilles des arbres caduques changent de couleur.
- Voici venu le temps des champignons.
- 31 octobre, c'est la fête de la Citrouille.
- Il est temps d'installer les abris à coccinelles.

## NOVEMBRE

- Le lierre est en fleur…
- Les châtaignes sont là.
- Les étourneaux débarquent en troupes bruyantes dans les villes.
- Le 25 novembre, à la Sainte-Catherine, « tout bois prend racine » (la période idéale pour planter des arbres commence).

## DÉCEMBRE

- Foulques et canards envahissent les étangs pour y passer l'hiver.
- 21 décembre, la nuit la plus longue de l'année, l'hiver est là…
- Le sapin entre dans la maison…
- C'est la saison des amours chez les renards, ils se laissent observer en plein jour.
- 31 décembre, le gui offre ses belles boules blanches pour fêter la nouvelle année.

## JANVIER

- Au jardin, les oiseaux ont faim.
- Les merles et les chouettes hulottes commencent à chanter.
- Il est temps d'installer les nichoirs.

## FÉVRIER

- Grenouilles, crapauds et tritons se réveillent.
- Ficaires, violettes, pâquerettes… Voici les premières fleurs de l'année.
- Le noisetier déploie ses fleurs en chatons.
- Le renard s'installe dans son terrier.
- Les milans noirs arrivent, premiers migrateurs de retour.
- Les premiers papillons se montrent.

## MARS

- Les hérissons sortent d'hibernation, ainsi que les lézards.
- Giboulées de printemps, l'eau ruisselle partout.
- Les hirondelles reviennent, suivies des rossignols et des huppes.
- Les faucons crécerelles mâles paradent.
- 20 mars, premier jour du printemps.

# INDEX

## A



## B



## C

# CRÉDIT PHOTOGRAPHIQUE

**COLIBRI**
S. Bréal : p. 12-13, 38, 66 (h), 75, 89 (h), 95 (b), 107 (b), 123 (h), 146 (b), 177 (b), 178 (h), 229 (md) ; J.-L. Paumard : p. 14 (b), 35 (h), 52 (hg), 71 (hg), 80 (h), 81 (g), 83 (h), 84 (h), 85 (bg), 96 (d), 101 (bd), 106 (b), 125 (b), 132 (h, b), 135 (h), 143 (b), 154 (d), 155 (h), 174 (bd), 179 (b), 194 (b), 198 (g), 202 (h), 203 (hd), 205 (b), 207, 218 (b), 228 (d) ; A. Auricoste : 1re de couverture (mg), p. 70 (h) ; J. Dubois : p. 113 (h), 133 (b), 195 (h) ; C. Guihard : p. 122 (h), 127 (h), 203 (bd), 212 (h) ; E. Janini : p. 204 (h), 215 (h, b) ; G. Bonnafous : p. 6, 91 (bg), 113 (b) ; P. Neveu : p. 7 (mg), 28 (g), 81 (hd), 134 (h, b), 198 (m), 202 (m), 208 ; Ch. Simon : p. 7 (bd), 184 (b) ; R. Toulouse : p. 14 (h), 91 (md), 147 (b) ; A. Guerrier : p. 15 (b), 23 (m), 62 (h), 79 (bg, bd), 91 (hg), 100 (mg), 101 (md), 104 (b), 106 (h), 112 (b), 128 (b), 135 (b), 136, 140 (bg), 159 (h), 198 (d), 199 (hg), 205 (h), 229 (hm) ; A. Jeser : p. 16 (h), 17 (g), 85 (hg, md) ; A. Roussel : p. 17 (md) ; A.-M. Loubsens : p. 21, 48 (b), 71 (b), 79 (hd), 94 (h, b), 95 (h), 122 (b), 180 (h), 214 (h), 221 (h) ; C. Balcaen : p. 49 (h), 178 (md), 179 (h) ; A. Christof : p. 23 (h), 68-69, 128 (h), 199 (bg) ; C. Baranger : p. 26 (h), 213 (b) ; A. Gioanni : p. 28 (d) ; D. Bernardin : p. 29 (hg) ; J. Delpech : p. 29 (hd), 31 (b), 150 (b) ; B. Tauran : p. 29 (b), 79 (hm), 148 (b), 180 (b) ; M. Lefèvre : p. 35 (m), 139 (d) ; P. Fontaine : p. 37 (hg), 55 (h), 105 (hg), 115 (b), 158 (b) ; F. et J.-L. Ziegler : p. 37 (hd), 97 (g) ; T. Vigouroux : p. 37 (bm), 188 (g) ; A. Ménard : p. 37 (md) ; F. Licois : p. 39 (hg) ; C. Testu : p. 39 (bd), 204 (b) ; A. Labat : p. 44 (hg), 45 (h), 48 (h), 70 (b), 79 (hg), 92 (h), 124 (b), 126 (h), 143 (h), 151 (h), 186 (b), 189 (h), 191 (m), 213 (h), 219 (h) ; J.-M. Brunet : p. 44 (b), 45 (b), 88 (h), 141 ; J.-M. Prévot : p. 49 (b), 85 (mm, bm), 124 (h), 127 (b), 159 (b), 166 (h), 175 (h), 190 (m), 212 (b), 218 (h) ; D. Alet : p. 50 (h), 229 (hd) ; L. Chaix : p. 50 (b), 51 (hg), 100 (mm), 221 (b) ; P. Nief : p. 51 (hd), 53 (hg), 100 (h), 100 (bg), 101 (hg, hd, bg), 105 (hd), 142 (b), 149 (b), 154 (g), 169 (h, m) ; J.-A. Mayet : p. 52 (bd), 62 (b), 84 (bd), 160, 187 (h), 219 (b) ; M. Cramois : p. 53 (bd), 101 (mg) ; H. Willem : p. 63 (md) ; G. Smellinckx : p. 78 ; L. Chocat : p. 80 (b) ; J.-H. Maraindaz : p. 83 (m) ; G. Abadie : p. 85 (bd) ; P. Picard : p. 86 (h) ; S. Blayac : p. 88 (b) ; D. Bonneau : p. 91 (hd), 120-121, 162 (d), 163 (b) ; D. Magnin : p. 92 (b), 185 (b), 228 (g), 229 (hg) ; D. Cordier : p. 93 (h), 105 (hm), 210 ; Ph. Granval : p. 93 (b), 140 (md) ; B. Palusinski : p. 96 (g), 185 (h), 186 (h) ; J.-Y. Lavergne : p. 97 (hd), 112 (h), 142 (h), 147 (h) ; Ch. Metz : p. 97 (md) ; F. Merlet : p. 100 (bd), p. 228 (m) ; B.-A. Vivion : p. 109 (d), 188-189 ; B. Faurie : p. 114 (h) ; M. Raynaud : 114 (b) ; P. Raynaud : 115 (h) ; D. Fontaine : p. 123 (b), 129 (b), 146 (h) ; Ed. Bellieud : p. 125 (h) ; C. Villette : p. 126 (b), 220 (h) ; F. Charmeux : p. 131 ; Negro/Cretu : p. 133 (h), 149 (h), 182, 184 (h), 229 (bg) ; V. Bielatowickz : p. 137 (h) ; L. Triolet : p. 137 (mg) ; G. Smellinckx : p. 148 (h) ; J.-P. Losson : 150 (h), 172-173 ; S. Bonneau : p. 151 (b), 220 (b) ; E . Kraft : p. 158 (h), 222, 223 (h) ; Ph. Dupré : p. 162 (g) ; R. Garnier : p. 176 (h) ; Ph. Emery : p. 187 (b) ; L. Casiano : p. 189 (bd) ; P. Rotiel : p. 190 (h); B. Baranger : p. 191 (h) ; B. et C. Baranger : p. 191 (b) ; A. Schoepfer : p. 194 (h) ; A. Gauthier : p. 214 (b) ; P. Lustrat : p. 223 (b).

**EXPLORER** : E. Sampers : p. 36 (d).

**HOAQUI** : A. Wolf : p. 36 (bg) ; AGE/HOAQUI/D. Vega : 199 (hd).

**JACANA** : J.-P. Deya : 163 (h) ; NATURE PL/JACANA/J. Hallett : p. 97 (bd).

**KEYSTONE FRANCE** : p. 36 (mg).

**MAP**
A. Descat : 4e de couverture (hm), p. 32 (b), 33 (h) ; F. Didillon : 33 (b) ; M. Duyck : p. 42 (bd), 43 (hg) ; N. et P. Mioulane : p. 43 (bd) ; P. Nief : p. 47 (h).

**MILAN** : p. 137 ; Y. Kung : p. 15 (h), 32 (h), 63 (h, b), 89 (b), 104 (h), 105 (b), 129 (h), 174 (h, bg), 175 (b), 195 (b), 203 (hg, mm, bg), 224, 225 (h) ; D. Chauvet : p. 102 (b) ; P. Massacret : p. 33 (bg), 107 (h), 181 (b).

**P. Lorne** : p. 42 (h).

# CRÉDIT ILLUSTRATIONS

**Laurence Bar**
1re de couverture (hd), dos de couverture, 4e de couverture (hg, hd), illustrations folios printemps, été et automne, p. 10 (b), 16 (b), 17 (h), 26-27, 42 (bg), 43 (hd), 44 (bg), 45 (md), 46-47, 50 (bg) , 51 (b), 52 (hd), 53 (bg), 66-67, 84 (mg), 85 (hd), 86-87, 92 (mg), 93 (md), 94 (mg), 95 (md), 112 (bg), 113 (bg), 114 (mg), 115 (md), 124 (mg), 125 (md), 126 (mg), 127 (md), 132 (bg), 133 (hd), 134 (mg), 135 (bg), 148 (bg), 149 (hd), 150 (md), 151 (mg), 166-167, 180, 182-183, 184 (mg), 185 (md), 186 (mg), 187 (md), 208-209, 210-211, 212 (bd), 213 (hd), 214 (mg), 215 (md), 218 (mg), 219 (md), 220 (bg), 221 (md), 230 (hg), 231 (hg, mm, bg).

**Corine Delétraz**
1re de couverture (hg), p. 11 (h), 22-23, 24-25, 34-35, 54-55, 82-83, 98-99, 108-109, 110-111, 138-139, 168-169, 170-171, 192-193, 206-207, 230 (md, bg), 231 (hd).

**Thierry Dessailly**
p. 30-31, 90, 130-131, 141, 144-145, 152-153.

**Frédérique Fernandez** : illustration folio hiver.

**Catherine Fichaux** : p. 96 (h).

**Christian Heinrich** : p. 181.

**Sophie Lebot**
1re et 4e de couverture (personnages et mascottes), p. 4, 5, 6-7, 8-9, 10 (h, md), 11 (mm, md, bd), 13, 14, 15, 20-21, 25 (md), 27 (b), 32, 33, 40-41, 47 (b), 48, 49, 55 (h, bd), 60-61, 64 (h), 65 (b), 69, 70, 71, 72 (h), 76-77, 86 (bg), 88, 89, 98 (h), 102 (h), 104, 105, 106, 107, 116-117, 118-119, 121, 122, 123, 128, 129, 139 (b), 140, 142, 143, 146, 147, 154, 155, 157 (md), 158, 159, 160-161, 162, 164 (md), 165 (h), 173, 174, 175, 176, 177, 190, 191, 192 (m), 194, 195, 196-197, 199, 200 (hg), 204, 205, 206 (hg), 207 (hd), 209 (bg), 216 (hg), 222, 223, 226-227, 228, 230 (hd), 231 (mg, md, bd), 236, 237.

**Frédéric Malenfer**
p. 11 (mg), 18-19, 38-39, 56-57, 58-59, 64-65, 72-73, 102-103, 156-157, 164 (h, b), 165 (b), 178, 179, 200-201, 202, 216-217, 224-225.

**Nathaële Vogel** : p. 74-75.

Création et réalisation de la maquette de couverture : Christophe Gillet

www.editionsmilan.com



ISBN : 978-2-7459-3862-6
Dépôt légal : 1er trimestre 2009
Imprimé en Espagne par Egedsa